智慧图书馆的建设与发展研究

吴晨耀◎著

文化发展出版社
Cultural Development Press
·北京·

图书在版编目（CIP）数据

智慧图书馆的建设与发展研究 / 吴晨耀著 . — 北京 : 文化发展出版社，2023.12

ISBN 978-7-5142-4288-1

Ⅰ . ①智… Ⅱ . ①吴… Ⅲ . ①数字图书馆－图书馆工作－研究 Ⅳ . ① G250.76

中国国家版本馆 CIP 数据核字 (2024) 第 025179 号

智慧图书馆的建设与发展研究

吴晨耀　著

出 版 人：宋　娜

责任编辑：岳智勇　　　　责任校对：岳智勇

责任印制：邓辉明　　　　封面设计：守正文化

出版发行：文化发展出版社（北京市翠微路 2 号 邮编：100036）

网　　址：www.wenhuafazhan.com

经　　销：全国新华书店

印　　刷：天津和萱印刷有限公司

开　　本：710mm × 1000mm　1/16

字　　数：200 千字

印　　张：10

版　　次：2025 年 1 月第 1 版

印　　次：2025 年 1 月第 1 次印刷

定　　价：72.00 元

I S B N：978-7-5142-4288-1

◆ 如有印装质量问题，请电话联系：010-58484999

前 言

图书馆作为传播知识和文化交流的重要场所，在社会发展中一直扮演着重要角色。图书馆作为收集、整理、保存和传播文献的专门机构，其发展和演化与信息技术的发展有着密不可分的关系。随着信息技术的快速发展和互联网的普及，人们获取信息的渠道和阅读方式发生了巨大变化。计算机技术、网络技术、通信技术、数字技术等技术的发展和应用促进了传统图书馆向数字图书馆、网络图书馆和移动图书馆的转变，在提高管理效率的同时，为更广泛的读者提供了更加优质、便捷的服务体验。

智慧图书馆阅读服务是图书馆在新时代强化自身社会服务功能，提升自我作用的重要途径。推进图书馆阅读服务的智慧化创新、加强智慧图书馆建设、借助智慧图书馆阅读服务赋予图书馆新的生机是图书馆创新发展过程中的必然选择。智慧阅读旨在通过数据赋能，提升图书馆的阅读推广效果，为读者提供更加个性化和优质的阅读服务。为了实现这一目标，图书馆需要对阅读服务体系的构建进行梳理，对智慧图书馆阅读服务的特征进行总结，进而为智慧图书馆阅读服务高质量发展提供新思路。

本书的主要内容为智慧图书馆的建设与发展研究。第一章主要介绍了智慧图书馆，分为三个部分，第一节为智慧图书馆概述，第二节介绍了智慧图书馆的技术模型，第三节介绍了智慧图书馆的建设现状及发展趋势；第二章为智慧图书馆的资源建设，主要介绍了两方面的内容，依次是智慧图书馆的信息资源、智慧图书馆资源建设的策略；第三章为智慧图书馆的队伍建设，分别介绍了两个方面的内容，第一节为智慧图书馆的馆员，第二节为智慧图书馆馆员的能力培养；第四章为智慧图书馆的服务建设，分别介绍了三个方面的内容，依次是智慧图书馆服务的理论知识、智慧图书馆知识服务的建设、智慧图书馆服务模式的建设；第五章节主要介绍了智慧图书馆的技术应用与创新发展，包括三个方面，依次是大数据技术在智慧图书馆中的实践创新、云计算技术在智慧图书馆中的实践创新、物联网技术在智慧图书馆中的实践创新。

在撰写本书的过程中，笔者参考了大量的学术文献，得到了许多专家学者的帮助，在此表示真诚的感谢。本书内容系统全面，论述条理清晰、深入浅出，但由于笔者水平有限，书中难免有疏漏之处，希望广大同行及时指正。

吴晨耀

2023 年 8 月

目 录

第一章 智慧图书馆

本章的主要内容是智慧图书馆，分别从三个方面进行相关论述，依次是智慧图书馆概述、智慧图书馆的技术模型、智慧图书馆的建设现状。

第一节 智慧图书馆概述

一、智慧图书馆的起源

智慧图书馆的理论与实践起源于国外。最先将智慧图书馆应用到实践中的是一个名为“智能图书馆”（Smart Library）的图书馆联盟，其于 2001 年前后在加拿大渥太华建立。2001 年 10 月，全球第一个“智慧图书馆网络”诞生，由澳大利亚昆士兰州立图书馆建立，旨在通过智慧图书馆的建设将物理空间与虚拟空间结合起来。2002 年，新加坡图书馆成为全球首个使用无线射频识别（radio frequency identification，简称 RFID）技术的图书馆。2004 年，北美地区就有超过 130 家图书馆使用 RFID 技术。可见智慧图书馆在国外的发展速度非常快，已经得到了广泛的关注。

智慧图书馆的理论研究与实践相比稍显滞后，相关研究者对“智慧图书馆”这个概念进行了阐述，指出智慧图书馆是借助新技术，如 RFID 技术、计算机网络技术和人工智能技术等，将传统的图书馆服务智慧化，从而使传统的图书馆服务转变为不受时空限制、容易被感知的移动图书馆服务。

随着人们对智慧地球建设越来越重视，“智慧”一词已经深入各个领域，如智慧城市建设等。智慧城市涵盖了智慧医疗、智慧交通、智慧社区等方方面面。智慧图书馆不仅是智慧城市建设的重要组成部分，也是技术驱动发展的必然结果，已经得到了社会各界的普遍认可与支持。

二、国内关于智慧图书馆定义的主要观点

智慧图书馆的研究成果虽多，但目前尚未形成对智慧图书馆的统一定义，研究者往往根据自己的观点结合实际从不同角度给出不同的定义。作者对其进行归纳分析后，将智慧图书馆的定义概括为以下几种。

（一）感知论

感知论的研究者着重强调智慧图书馆的可感知性。感知论的重点在于利用物联网等感知技术让图书馆的建筑环境、文献资源以及读者等主要构成要素能够实时主动地获取相关感知数据，以下是感知论研究者得出的观点：智慧图书馆是感知智慧化管理平台、数字图书馆智慧化服务的综合体，能实现人与人、人与物、物与物的直接对话；智慧图书馆能为读者提供一种无处不在的智能服务环境，同时图书馆的各种关键数据能被及时感知并妥当处理，这些关键数据包括图书馆的建筑环境、文献资源、读者和设备资产等；智慧图书馆是数字图书馆发展到高级阶段的一种形态，能利用包括 RFID 技术在内的多种智能技术，对分散的各种图书馆要素进行深度感知，并进行系统化服务和管理，图书馆涉及的要素包括读者、各种形态的馆藏资源、图书馆工作人员和建筑设施等；人物互联是智慧图书馆建设中最核心的环节，智慧图书馆在人物互联的基础上，在以 RFID 技术为代表的物联网技术环境下，以云计算为基础，结合智慧化设备，为读者提供智慧化服务。

有研究者将智慧图书馆理解为流程化的图书馆，先是对读者的需求信息进行感知、捕捉和统计分析，再为其提供快速高效的智慧化服务。也有研究者认为智慧图书馆就是在无须人工干预的状态下，实现图书馆管理与服务的智慧化。感知论较具有代表性，是我国智慧图书馆研究者关注较多的一种观点。

（二）智能技术论

智能技术论的重点在于在智能技术支持下以物联网为基础的设备、系统、流程之间的互联互通。因为智慧图书馆本身是由技术发展驱动而来的，所以智能技术论也得到了一些研究者的关注。例如，有研究者认为智慧图书馆最重要的是能利用物联网技术主动感知读者需求，并提供智慧化服务与管理，这是数字图书馆发展的终极目标与高级形态；也有一部分研究者则更侧重于智慧图书馆建设中馆员与读者之间的协同感知和创新，认为智慧图书馆是融合技术、馆员、读者、服务与资源为一体的智慧协同体。

（三）人文服务论

人文服务论重点阐述图书馆馆员在利用新技术解决问题方面的主观能动性，突出了人在构建智慧图书馆中的重要作用。持人文服务论观点的研究者认为“智慧”具有以下特征：一是以数字化、网络化、智能化技术为支撑；二是具有互联互通、高效快捷的沟通协调能力；三是追求数字惠民与绿色发展；四是整合集群与协同、服务泛在和跨越时空；五是具有模式创新和可持续性。智慧图书馆是图书馆发展的新形态，是基于新的信息技术、能体现人工智能的知识服务系统。智慧图书馆＝图书馆馆员＋智能建筑＋信息资源＋智能化设备＋云计算，其中图书馆馆员由技术专家和人文学者构成，可通过智能化设施充分利用各种信息资源。

（四）要素论

要素论重点研究构成智慧图书馆客观事物的存在基础以及维持其产生、发展、变化等运动的必要的基本系统单位。目前智慧图书馆要素论主要有“三要素论”和“五要素论”。智慧图书馆“三要素论”认为，智慧图书馆由人、资源、空间三种元素组成，其中“人”这个要素处于最核心的位置，“资源”与“空间”两个要素是基本点。“五要素论”认为智慧图书馆应包含五大要素，包括资源、服务、技术、馆员和读者。在资源要素中，智慧图书馆必须做到多元、高效和优质，即为读者提供快、准、好的各种馆藏资源；在服务要素中，智慧图书馆必须做到智能、泛在和感知，即要感知读者需求，并随时提供智慧化服务；在技术要素中，智慧图书馆必须做到精准、智能和快捷，即要通过技术提升服务效率；在馆员要素中，智慧图书馆要做到专业、敬业和创新，即要求馆员利用新技术提供创新性服务；在读者要素中，智慧图书馆要具有使用性、协同性和敏锐性，即确保读者乐于使用系统与图书馆进行协同互动。在“五要素论”中，技术是基础，服务是灵魂，通过技术改善服务。

（五）综合论

综合论并没有从单一角度对智慧图书馆进行定义，而是综合考虑了资源、服务、技术、物理实体等多种因素。数字图书馆、新型图书馆的核心内涵是智慧图书馆，这也是未来图书馆发展的最高形态。有研究者认为智慧图书馆是建立在复合图书馆基础上的更高级形态，智慧图书馆以信息技术和智能设备为基础，可实现图书馆内的人、文献、设备、建筑之间的互联互通，从而达到向读者提供智慧化服务的目的。

有研究者对智慧图书馆的定义进行了概括，认为智慧图书馆建设的目的是让读者享受到图书馆的 5A 服务，即任何人（anyone）、任何时候（anytime）、任何地点（anywhere）、通过任何方式（anyway）、得到任何服务（any service），其核心要素是智慧馆员、读者，手段是先进的技术设备。也有研究者认为，智慧图书馆是虚拟图书馆与现实图书馆的有机融合，通过信息化技术将图书馆的专业管理与智能设备的感知相融合，从而为读者提供快、准、好的各项资源和经过深加工的专业知识服务，让读者享受到智能服务和文化服务。

通过以上分析可知，我国目前关于智慧图书馆的定义包括感知论、智能技术论、人文服务论、要素论和综合论。这些定义仅仅是依据研究者对智慧图书馆认识的不同角度进行划分的，并不是以观点发布的先后顺序进行划分的。也就是说，我国智慧图书馆的研究并不是经历了从感知论到智能技术论，又到人文服务论、要素论，再到综合论的发展阶段。但我国对智慧图书馆的研究的确经历了由浅入深、从个体到整体、从局部到综合，以及从致力于智能化建筑实体研究到提供系统化、专业化智慧服务的转变过程。这也是我国智慧图书馆研究范畴不断向外延伸、扩展的见证，涉及的技术与理念不仅越来越先进，也越来越综合。一般认为，图书馆经历了两次重大转型：一是传统的物理图书馆向数字图书馆的转变；二是数字图书馆向智慧图书馆的转变。

三、对智慧图书馆定义的深入认识

智慧图书馆不是对现有图书馆形态的完全否定，而是基于服务支撑技术、人员和空间等各要素的不断发展，对现有图书馆形态的全面升级和发展。随着移动设备的普及和人工智能技术的成熟，图书馆作为文化传承、知识分享和学术研究的重要载体，需要积极探索和采纳新的技术手段和服务方式，以更好地满足读者和社会的需求。在快速变革的时代背景下，智慧图书馆需要与时代发展保持同步，不仅需要适应社会的需求，更需要推动并引领社会的发展。智慧图书馆是虚拟图书馆和实体图书馆的有机结合体，这种结合为读者提供了更加便利和多元化的服务体验。虚拟图书馆利用信息技术和网络平台实现图书馆服务的数字化和在线化，读者可以通过互联网访问虚拟图书馆的在线资源，如电子图书、期刊数据库、在线数据库等。虚拟图书馆的优势在于读者可以随时随地进行阅读、检索和借阅，无需考虑物理馆舍的限制。实体图书馆作为物理空间，仍然是智慧图书馆重要的组成部分。实体图书馆提供图书馆文献服务和空间服务，为读者提供舒适的阅读环境、专业的咨询服务和社交交流的场所。实体图书馆可以通过智能化设备、智能图书柜、自助借还系统等来提升服务效率和读者体验。在其设备和技术构成中，物联网技术可以通过各类传感器和智能设备获取馆内环境数据、设备运行数据等各种数据，为图书馆运营管理提供可靠的数据支持。大数据技术则可为智慧图书馆提供记忆功能，收集和处理海量数据，进行数据分析和挖掘，形成知识库，并通过智能搜索、信息推荐等方式帮助读者快速获取信息。区块链技术则可以实现数据的去中心化和安全管理，为智慧图书馆提供更加安全、可靠的数据支持。智慧图书馆的出发点与落脚点都是为读者提供智慧化服务，这种服务类似于人工知识信息服务，甚至超越人工知识信息服务。

正如前文所述，智慧图书馆的建设并不是对现有图书馆的全盘否定，而是对现有图书馆的改进与提升。智慧图书馆应更好地体现图书馆的基本职能，充分发挥其核心价值。随着时代的发展，技术在不断进步，读者的需求也在不断变化，对图书馆也提出了更多、更高的要求。读者需求的变化、要求的提高，传统图书馆很难回应，这也是智慧图书馆发展的动力源泉。智慧图书馆就是利用新技术对整个图书馆的各环节进行改进与提升。在建筑设施和设备方面，利用先进的技术使图书馆建筑更加智能，让读者畅游在现代化、智能化的阅读空间中。在资源建设方面，通过大数据分析了解读者的阅读习惯，挖掘读者的潜在需求，从而对纸质图书与电子资源的采购起到指引作用，比读者需求更早一步，全面掌握服务对接的主动性。在业务管理方面，通过智能化设备的管理感知图书馆各种设备的运行状态，实现远程设备调试，并依据人流量的热感应对读者人群进行引导。在读者服务方面，智慧图书馆能提供的帮助相当多：一是通过大数据分析了解读者需求，并为读者提供个性化信息服务；二是通过地理信息系统和热感应系统将读者需求与馆藏资源位置进行对接，帮助读者快速找到所需资源；三是读者能及时方便地将遇到的问题反馈给系统，与馆员进行无障碍沟通。

因此，新兴技术的介入是智慧图书馆建设的前提，确保了智慧图书馆的发展；为读者提供以人为本的服务是智慧图书馆建设的终极目标和核心，也是其不断发展的原动力；协同共享是智慧图书馆在业务管理能力上的体现，也是智慧服务的保障。

新兴技术的出现，对传统图书馆来说是个好消息，它驱动了图书馆朝着更加智慧的方向发展，帮助图书馆抓住读者需求，从而更为精准地满足读者需求。在智慧图书馆出现之前，读者的一些需求即使能被图书馆发现，也没办法被满足。由此可见，智慧图书馆提升了服务水平，更好地传承了历史文化，正如一个生长着的有机体一样，实现了图书馆的可持续发展。

四、智慧图书馆的特征

（一）智慧图书馆特征的研究背景

智慧图书馆打破了传统图书馆的地域和时间限制，使读者可以随时随地进行学习；集成了各类学术资源，包括图书、期刊、论文等，为读者提供全面和多样化的学术资源；不仅提供信息资源的存储和发布平台，还提供社区活动、文化展览、学术研讨会等配套活动。智慧图书馆具备三个主要特征。一是沟通智慧化，传统的图书馆主要依靠互联网提供文献信息检索、电子资源的获取和在线阅读服务。而智慧图书馆在此基础上，通过物联网技术，将更多的设备纳入网络连接，实现信息资源的更大范围共享。二是建筑智慧化，智慧图书馆对于机器和设备的智慧化程序控制与综合管理是十分准确的。智慧图书馆可以应用物联网、传感器、智能控制等技术，对环境进行实时监测和智能调控。举例来说，首先，通过空气质量传感器监测馆内空气中的有害污染物含量，智慧图书馆可以自动启动通风系统，调节新风的进入和室内空气的循环，保持良好的室内空气质量。同时，在需要的情况下，智慧图书馆还可以启动消毒设备，对空气中的有害物质进行净化处理，保障读者的安全和健康。其次，智慧图书馆可以根据温度、湿度、照明度等环境参数的实时监测情况，通过智能控制系统自动调节空调、加湿器、照明设备等，保持舒适的室内环境。例如，在人员不多的情况下，智慧图书馆可以自动减少空调的负荷，调节适宜的温度和湿度，节约能源的同时提供良好的阅读环境。最后，智慧图书馆可以通过音频传感器监测馆内的背景噪声水平，并利用智能控制系统自动调节照明设备、空调设备、音响设备等，以降低噪音干扰，提供安静的学习和阅读环境。三是服务智慧化，在智慧图书馆中，物联网技术连接了各类设备、传感器和信息资源，形成一个互联互通的系统，为馆员提供了更高效、精确、个性化的服务方式，推动了图书馆服务的智能化和智慧化发展。

智慧图书馆的内在特征包括互联、高效和便利，外在特征包括数字化、网络化和集群化。其中互联强调智慧图书馆能够实现人与人、人与物之间的感知、联系和协同；高效是指智慧图书馆能够提升管理效率、服务效率等；便利是指智慧图书馆能使信息触手可及、服务个性化等；数字化是智慧图书馆建设的技术保障、技术前提；网络化是指智慧图书馆必须依赖互联网才能做到信息互通，是信息互通的基础；集群化是指对图书馆相关的建筑、人、服务等全部要素进行集成化、系统化管理。这些内在与外在的特征互相联系，不可分割。

关于智慧图书馆的特征，我国也有不少其他研究者的论述。如有研究者认为智慧图书馆能够实现智慧化沟通，拓宽资源管理，节省运营成本等；也有研究者认为智慧图书馆能够实现无处不在的互联互通、深层次的感知、个性化与人性化的服务等；还有相关研究者分别从建筑、资源、交流、管理和服务等方面论述，体现出智慧图书馆的智慧化等。

从以上我国研究者对智慧图书馆特征的论述可知，目前国内学术界对智慧图书馆的研究主要是从定义中理解智慧图书馆的特征，这些特征仅仅是围绕图书馆的功能总结的。虽然国内不少研究者对智慧图书馆的特征进行过论述，但大同小异，基本上都是从服务、管理、环境和沟通的智慧化等方面进行论述的。

（二）智慧图书馆的具体特征

1. 服务智慧化

服务智慧化是智慧图书馆最重要的特征，因为服务智慧化是智慧图书馆建设的出发点与落脚点。如果不能实现服务智慧化，智慧图书馆建设将没有任何意义。图书馆的一切建设均应体现“以人为本，读者利益至上”这一图书馆安身立命的原则。这是由图书馆的服务导向所决定的，也是由图书馆的使命与职责所决定的。因此，服务智慧化是智慧图书馆必须具备的特征。

图书馆的服务智慧化又可以通过一些具体特征来表现，如高效、便捷、协同创新等。高效是指图书馆通过新技术能更快地响应读者的需求，进而减少读者从发出需求到收到图书馆准确回应的时间差。这里的服务高效化不仅指读者获取信息与服务的速度得到大幅度提升，还指读者需求得到正确回应的概率有所提高。由于技术的限制，在传统的图书馆服务中，馆员与机器或多或少会对读者的需求理解不到位，造成提供给读者的结果并不是读者想要的。但在智慧图书馆中，通过大数据分析、读者用户画像分析等，结合读者的搜索习惯、阅读习惯，馆员与机器能为读者提供匹配度更高的结果。

便捷包含两层含义：一是指读者能通过智能设备、互联网等技术便捷地获取信息以及体验图书借阅等服务；二是指馆员能便捷地与读者进行沟通，了解馆内设备的运营情况和藏书分布情况等，从而远程管控图书馆的各项设备与服务。

协同创新是指智慧图书馆能够提供传统图书馆所不能提供的服务，进而提升整个图书馆的服务水平，实现服务创新。这种协同创新主要体现在以下几方面：一是单纯依靠技术提供以往不能提供的服务，实现技术上的创新；二是馆员依靠新技术提升个人信息素养、专业素养，从而为读者提供创新性服务，实现服务上的创新；三是通过智慧图书馆平台，馆员与读者协同合作，实现管理、科研与教学等方面的创新。

2. 管理智慧化

智慧图书馆建设在很大程度上将馆员从低技术含量、高重复性的服务中解脱出来，所以有不少人认为随着技术的发展，图书馆没有存在的必要：一是由于互联网的便利性，读者不用去图书馆就可以获取信息；二是由于技术的快速发展，馆员没有必要存在于图书馆中。例如，国内外出现了许多无人超市，也有不少无人图书馆。实际上，随着技术的发展，智慧图书馆不需要“人”这个要素是一种错误的观点。虽然许多智能设备能替代人的服务，但这些设备不具有智慧性，更不可能离开人而提供创新性服务。因此，随着智慧图书馆的建设，馆员的角色将发生改变，低技术含量、高重复性的服务可交由智能设备来完成，但创新性服务正是馆员的最高价值所在。随着技术的发展，馆员也要提升自我修养和专业素养，紧跟时代发展潮流，运用最新技术对读者进行大数据分析，从而主动为读者提供个性化服务，实现图书馆的智慧化管理。智慧图书馆的存在在很大程度上提升了图书馆的服务水平，只有将最新技术与高质量管理相结合，才能真正体现图书馆管理的智慧化特征。

3. 感知智慧化

感知智慧化的特征相对比较好理解，主要是指对整个环境的感知。由于智慧图书馆比数字图书馆多了一个感知层，所以智慧图书馆能通过各种智能终端抓取信息，从而实现监控与服务的对接。智慧图书馆所体现的感知智慧化主要包括以下两个方面：一是整个图书馆各种设备的智能监控能实时了解图书馆的运行状态；二是图书馆能为读者提供各种场景的智慧化服务。例如，门禁的人脸识别系统能够让读者不刷卡即可进入图书馆借阅图书；依据读者用户画像进行个性化信息推送；依据地理位置系统和物联网系统帮助读者快速找到图书；通过智能机器人提供业务咨询、位置导引等；通过三维（3D）打印机等各种智能设备提供创新空间服务；通过热感应系统进行读者人流引导；根据读者位置为其提供不同的信息指引；根据读者人数进行在馆人数统计与控制；等等。

4. 沟通智慧化

一般图书馆与读者进行沟通的方式有 QQ、邮箱和网络留言等。除了 QQ 这类即时通信工具外，其他沟通方式的信息反馈相对比较滞后，不能及时解决读者问题。但是 QQ 这类即时通信工具仅能通过文字、图片等方式进行沟通，较难真正解决读者的问题。智慧图书馆与读者的沟通依赖物联网等多种新技术，在与读者沟通时能够快速直接掌握读者的其他信息，如读者所在位置、最近有过的行为，从而以最快速度了解读者的问题并给予解决。因此，智慧图书馆沟通智慧化体现在以下几个方面：一是沟通更为流畅、直接，可通过多个平台进行；二是能掌握读者的其他信息，从而更全面地了解问题和解决问题；三是能通过系统远程指导读者解决问题。

五、智慧图书馆的构成要素

关于智慧图书馆的构成要素，不同研究者有不同的论述。有研究者认为，智慧图书馆的构成要素为技术、馆员和业务管理系统，这三者融合发展；也有研究者论述的角度较多，从特征、理论与实践、管理体系、概念和哲学等角度对智慧图书馆的构成要素进行了论述；还有研究者认为，智慧图书馆的构成要素为馆员、管理、服务与管理形态。作者认为智慧图书馆由资源、技术、服务、馆员与读者五个要素构成，智慧图书馆的五个要素缺一不可，在智慧图书馆中发挥着各自的作用。

（一）资源

资源是图书馆最基础的构成要素。图书馆藏有大量的优秀历史文化资源，发挥着传承人类历史文化的作用。不同形态的图书馆，其资源存在形态不一。在智慧图书馆中，传统的纸质资源以数字化的形式呈现，通过云计算、大数据、数字人文、移动通信、互联网等技术的支持对数字资源进行存储及深度加工，并匹配读者需求，从而快速地为读者提供个性化资源。

（二）技术

技术是智慧图书馆建设的前提，也是其必不可少的构成要素。计算机的出现推动了数字图书馆的出现与发展。技术推动着图书馆从传统图书馆向数字图书馆、复合图书馆、智能图书馆、智慧图书馆、融合图书馆的方向发展，现在发展到了介于智能图书馆和融合图书馆之间的智慧图书馆阶段。智慧图书馆建设是时代发展的必然结果。科学技术是第一生产力，改变了人类的发展进程，使人类进入了智慧地球、智慧城市的建设阶段。当前使用较多的先进技术有智能感知技术、大数据挖掘技术、云计算和泛在智能技术等。技术是传统纸质藏书管理系统所不具备的因素，由于技术的出现，智慧图书馆等各种形态的图书馆才具有了明显的技术特征。

（三）服务

服务是图书馆最基本的构成要素，无论图书馆以什么形态存在，都必须提供服务。我国图书馆学专家柯平认为我国图书馆服务经历了文献服务、信息服务和知识服务三个发展阶段，分别依赖文献资源、技术工具和人的智慧进行服务。传统图书馆以资源为王，馆藏数量与质量决定了服务水平；在信息服务阶段，图书馆主要依赖各种技术将纸质资源数字化，并提供各种形式的服务；在智慧图书馆建设中，馆员的智慧显得尤为重要，更重视馆员的专业素养和其提供的智慧性的知识服务。智慧图书馆中的知识服务更多的是一种知识增值服务，可将多源数据进行异构处理，再以读者能够理解的形式呈现出来，从而达到快速响应和服务精准、个性化的效果。

（四）馆员

馆员是智慧图书馆建设中最核心的构成要素。离开了馆员，技术再先进也无法体现智慧性。在初期的智慧图书馆概念中，馆员的因素未被纳入其中，随着对智慧图书馆研究的深入，馆员的因素越来越重要，其不可或缺性日益突显。在许多人的印象中，馆员的工作就是借书、还书、整理图书上架、咨询等基础性业务，许多人甚至认为馆员会被技术所取代。作者认为以上的这些服务，随着技术的进步，技术能取而代之，甚至比馆员做得更好，但这并不意味着馆员在智慧图书馆中毫无价值，相反，在智慧图书馆建设中更能发挥馆员的价值，使智慧图书馆从低层次服务向高层次服务转变。在智慧图书馆建设中，馆员要掌握最新的技术、最前沿的理论，具有活跃的创新精神，充分发挥沟通协调的作用。随着技术的发展，智慧图书馆对馆员的要求也越来越高，例如，馆员要更加积极主动地了解读者需求，将服务由被动转向主动；从读者的多元需求出发，通过过硬的技术和专业知识进行知识挖掘和加工集成，然后以读者期望的形式进行个性化呈现。以往的图书馆通常提供规模化、批量化、标准化的服务，而智慧图书馆将以个性化的服务为主。

（五）读者

读者是智慧图书馆建设的出发点与落脚点，是智慧图书馆不断发展的动力源泉。资源只有得到利用，才能充分发挥其价值，而读者便是资源利用的主体，所以许多图书馆将读者到馆数量、图书借阅数量、活动参与人数、电子资源下载量等作为重要的评估指标。读者是智慧图书馆赖以生存的构成要素，一切有关智慧图书馆的建设都是围绕更好地为读者服务而展开的。在传统图书馆中，阅览图书、借阅图书的用户被称为读者。随着数字图书馆、智慧图书馆的发展，人们对数字资源的需求越来越大，“读者”这一范畴扩大到使用图书馆及其资源的用户，即图书馆的服务对象均可称为读者。读者既是智慧图书馆的服务对象，也是智慧图书馆建设与发展的参与者，与馆员协同互动、共同发展。

六、智慧图书馆与其他图书馆的比较

（一）智慧图书馆与数字图书馆

研究数字图书馆的文献最早出现于1992年，而早在20世纪中期，数字图书馆的概念便已出现。数字图书馆是随着计算机的出现而出现的。要想实现数字化，就必须借助计算机，计算机的出现使数字图书馆的出现成为可能。数字图书馆有许多不同的称呼，如网上图书馆或者虚拟图书馆等，这是与传统图书馆相对应的称呼。数字图书馆与传统图书馆相比具有以下特征：一是必须依赖于互联网；二是能对传统图书馆的各种信息资源进行数字化编码，再加以存储，从而比传统图书馆更容易检索和利用；三是能提供参考咨询和信息资源服务等相对基础的服务。

与传统图书馆相比，数字图书馆具有优越性，如能对各种馆藏资源进行数字化处理，能实现信息传递的网络化，因信息可同时重复使用而具备信息共享特性，能对信息实体进行复合处理等。但数字图书馆由于技术的先天性缺陷，与智慧图书馆相比还有许多不足，可以从以下几点进行对比分析。

1. 数据采集方式

智慧图书馆基于互联网编码感知，向感知对象提供知识描述，而数字图书馆则直接使用数字编码技术实现资源的电子化、数字化。智慧图书馆能够通过对碎片信息的重新组合、联系，将相互独立的各个领域的文献与读者或馆员的信息进行关联，实现前台读者与后台馆员的智慧关联，从而对读者群体的感知更为智慧、更为宽泛。而数字图书馆的对象则具有孤岛效应，与外部领域并不相连。因此，数字图书馆处于一种孤岛状态，而智慧图书馆实现了全域覆盖。这两种数据采集方式的差异还是比较明显的。

2. 关联性

关联性的特点是数据采集方式的延伸。由于数据采集方式的不同，两者的关联性区别很大。数字图书馆的数据采集固定在某个领域，像孤岛般存在，与外部并不相连，只能在特定领域使用，如专业网或政府网。数字图书馆的孤立性使它与外部失去联系，但也在一定程度上减少了对网络的依赖和网络安全受到威胁的可能。智慧图书馆与数字图书馆的数据采集方式完全相反，它具有互联互通的特点，强调共享、共建，提供不限时空的联系与服务，注重不同角色的人在系统中的互动与人机互联等。因此，智慧图书馆容易受到网络的限制，必须依赖稳定、安全、高速的网络才能发挥价值，这也为智慧图书馆的网络安全带来了潜在的风险。

3. 系统分层架构

数字图书馆采用系统分层架构，包括物理层、网络层、数据层和应用层；智慧图书馆同样采用系统分层架构。在系统分层架构上，智慧图书馆与数字图书馆不同的是增加了终端层。智慧图书馆通过各种智能设备的终端层对图书馆的各种信息进行感知、收集、分析，并反馈到应用层。终端层类似于人体的五官，能够感知外面的世界然后进行分析，最后指导人做出相应的行为。

4. 使用方式

数字图书馆是物理图书馆的再现，主要以通过计算机终端进行检索和查询的使用方式为主，而智慧图书馆则完全改变了这种使用方式。智慧图书馆与数字图书馆相比在使用方式上有以下不同：一是可使用的设备多，不仅限于计算机，还包括移动智能手机、平板电脑等智能终端，给读者带来了方便；二是由于设备的限制，数字图书馆使用的场景相对固定，而智慧图书馆可供任何年龄段的读者在任何时间、任何地点使用，提高了读者使用资源的效率。

（二）智慧图书馆与复合图书馆

复合图书馆，又叫混合图书馆，综合了传统图书馆和数字图书馆的特点和服务方式，旨在满足读者对多样化、便捷化、个性化服务的需求。复合图书馆是传统图书馆和数字图书馆的一种并存形式。1996 年出现了“复合图书馆”的概念。根据复合图书馆的概念可知，复合图书馆具有传统图书馆与数字图书馆并存的特征，所以其印刷型资源与数字化资源并存，同时图书馆涉及的信息资源、信息服务、服务设施、技术方法等都是复合的。[①] 在复合图书馆的发展过程中，大家越来越重视数字化发展，从而促进了复合图书馆向数字图书馆的转变。

可见，复合图书馆是传统图书馆数字化服务转型的一种尝试、一种过渡。复

① 魏奎巍．图书馆信息化建设与服务创新研究[M]．长春：吉林出版集团股份有限公司，2021．

合图书馆与智慧图书馆相比有以下不同：一是核心不同，复合图书馆侧重于传统图书馆资源的数字化与集成化，而智慧图书馆则借助最新的技术将整个图书馆的各要素进行智慧化、系统化管理；二是从发展形态上看，复合图书馆是两种图书馆的并存形式，存在信息沟通不畅、使用不方便等问题，而智慧图书馆则强调资源、馆员、技术、设备等多种要素的互联互通，注重以人为本的读者服务导向，重视馆员与读者的互通有无，杜绝各种信息沟通不畅的情况发生。总之，智慧图书馆解决了复合图书馆遇到的各种短板问题，实现了图书馆管理的智慧化和服务的人性化。

（三）智慧图书馆与智能图书馆

智能图书馆也是随着技术的发展而产生的，与智慧图书馆最相近。智能图书馆的英文为 intelligent library，而智慧图书馆的英文为 smart library。从英文单词来看，两者均有智能的意思，但 intelligent 更强调能力，而 smart 的含义则更为全面。我国对智能图书馆的研究要远远早于智慧图书馆。智能图书馆强调的是技术层面，即通过技术来改变图书馆，与数字图书馆相类似。但智慧图书馆不仅是技术的革新，更是在技术革新的基础上实现对建筑的物理空间、服务网络、协同创造等全方位的提升，从而达到读者环境友好、管理更智能便捷的效果。

1. 智能图书馆与智慧图书馆的区别

智能图书馆强调“智能”，而智慧图书馆则突出“智慧”，二者所处的高度不同。关于两者的主要区别，图书馆学家初景利教授做过详细的阐述，认为“智慧”是宏观战略层面的，“智能”是微观战术层面的，它们在核心驱动力、功能属性、目的效果方面存在一定的差异。

首先，核心驱动力不同。智能图书馆重点关注的是物的智能化和自动化，强调将智能技术应用于图书馆，以技术为主导因素；而智慧图书馆则在物的智能化的基础上，更加注重人与物之间的相互融合和协作，强调人的智慧以及开展的智慧服务，以智慧服务（馆员智慧＋读者智慧）为主导因素。

其次，功能属性不同。核心驱动力的不同决定了属性的差异，从全局上看，智能技术的应用是推动智能图书馆发展的最主要的驱动力之一。而智慧图书馆的发展则是内在驱动的，智能技术仅仅是服务的途径和手段，馆员智慧及其能力建设才是推动图书馆发展的关键所在。智慧图书馆建设并不是使用一系列最先进的技术即可，还需要充分发挥馆员在智慧图书馆建设中的主观能动性。因此，智慧图书馆建设不应仅投入大量的经费购买各种设备，还要提升馆员的服务水平，同时对馆员进行专业知识培训，包括如何使用智能设备和如何利用这些设备提供更专业的服务等方面的培训。没有提升馆员水平的智慧图书馆建设，或许只是花钱买了一堆高科技产品而已，并没有从本质上提升图书馆的服务水平。

最后，目的效果不同。虽然图书馆存在的本质是为读者提供优质的服务，但在具体的发展过程中，不同的举措和策略所达到的目的与效果各有不同。智能技术的应用是智能图书馆发展的重要推动力之一，通过智能技术的应用，可以实现智能图书馆自动化、智能化和无人化管理，以提高管理效率和服务质量。其中，无人值守是智能图书馆的一种新型服务模式，它的主要目标是让图书馆在没有馆员值守的情况下能够向读者提供自助服务。智慧图书馆建设虽然在一定程度上也解放了人力资源，但仅是将馆员的精力从低端重复性劳动中解放出来转移到挖掘读者的需求上，并通过资源调配、个性化服务等方式来满足读者更高的需求，从而提升图书馆服务质量。

2. 智能图书馆与智慧图书馆的联系

虽然智能图书馆与智慧图书馆存在许多不同之处，但二者之间却也存在着联系。技术是智慧图书馆的基础，智慧图书馆建设需要借助智能图书馆的各种新技术，如物联网、人工智能、大数据、云计算等。这些技术可以帮助智慧图书馆实现自动化、智能化和数字化，提高服务效率和质量。智慧图书馆的目标是提供高质量的服务并满足读者的需求。智能系统和技术的应用可以优化图书馆的业务流程和管理，同时在与读者的互动过程中进一步激发读者的主体潜能，为其提供更深层次的服务。

（四）智慧图书馆与融合图书馆

伴随着新一代信息技术的发展，图书馆空间、服务和人员的重塑促进了融合图书馆研究的发展。融合图书馆的灵魂在于融合互动化，融合图书馆具有融合化、互动化、智能化、可视化和泛在化五大特点。相关研究者将融合图书馆的特点概括为融合交互、泛在互联、高度智能和用户感知。

由此可见，融合、交互、泛在、智能和感知是融合图书馆的最主要特征。智慧图书馆与融合图书馆有诸多相通相合之处，如融合共享、全面感知、立体互联和个性互动等。然而，二者也存在一定的差异，融合图书馆可以说是智慧图书馆一种崭新的发展形式，更注重高层次的人机交互和团队协作，能有机统一并运用各类高新技术与设备，真正地将人、资源与空间融合在一起，使实体空间和虚拟空间无缝对接，满足了个人或团体的学习、工作和设计等复杂的任务需求。因此，融合图书馆既实现了资源、通道、平台等的显性融合，也实现了创新、协调、绿色、开放、共享新发展理念在业界内外形成共识的隐性融合，是智慧图书馆建设的更高级阶段和更深层次的创新发展。

综上所述，智慧图书馆与传统图书馆、数字图书馆不能割裂，但智慧图书馆无论在办馆理念、组织机构方面，还是在资源建设、技术服务、读者服务等方面都会在原有图书馆的基础上有很大提升，甚至飞跃。正如初景利教授所言，智慧图书馆是物理空间、数字空间和人类社会三维空间的立体结合，虚拟技术、智能技术等核心技术是其产生和发展的基础。因此，数字图书馆、智能图书馆、融合图书馆和智慧图书馆之间既有区别又有联系。智能图书馆既是数字图书馆的建设目标，又是智慧图书馆的建设基础，智慧图书馆是前两者发展的最终目标，融合图书馆又是智慧图书馆发展的高级阶段。它们之间不是简单的谁替代谁的关系，在现阶段以及未来它们将长期并存，共同发展。智慧图书馆是一种综合性的生态系统，人的智慧在智慧图书馆中显得尤为重要。如果没有管理人员和读者的智慧，智慧图书馆将无从谈起。管理人员需要具备创新思维和战略视野，结合新技术，优化图书馆服务模式和业务流程，开拓新的服务领域。数字图书馆是利用各种数字技术和网络平台构建起来的，通过数字化、在线化的方式提供图书馆服务。智能图书馆则在数字图书馆的基础上增加了人工智能、物联网等先进技术的应用。智慧图书馆是目前图书馆发展的顶级形态，它融合了数字图书馆和智能图书馆的优势，并进一步提升了图书馆的服务质量和读者体验。融合图书馆可以视为智慧图书馆的升华阶段。融合图书馆不仅关注技术的应用，还追求各领域与图书馆的融合，如教育、文化、社交等。融合图书馆研究探索图书馆与其他领域之间的合作与整合，打破传统的界限和单一的服务模式，将图书馆的功能拓展到更多领域，为读者提供更多元化和综合化的服务。

第二节　智慧图书馆的技术模型

近年来不断涌现出的新型技术对于智慧图书馆的构建起到了骨架支撑的作用，作者在对各大技术进行查阅和研究的基础上，提炼出了智慧图书馆构建的核心技术，并对智慧图书馆各个层次的技术进行了介绍。

一、智慧图书馆各个层次的技术

（一）智慧感知层技术

1. 可穿戴技术

传统的人机交互方式需要通过鼠标、键盘等设备进行操作，并且需要坐在计算机前进行交互，这种操作比较局限和不便。而可穿戴技术则可以实现身体感应和计算机技术的融合，让计算机能够更好地理解和感知我们的身体语言，基于身体行为实现交互。可穿戴技术内嵌了各种传感器，如卫星导航仪、加速度计、陀螺仪、心率感应器等，可以全天候监测和记录用户的身体活动、健康状况、进食习惯等方面的数据，帮助用户全面了解自己的身体状况和行为习惯，从而根据需要调整自己的生活方式和健康管理计划。通过读者佩戴的可穿戴设备，馆员可以收集读者的数据，如读者需要什么类型的书籍、读者在图书馆内浏览的时间等，通过这些数据馆员能够更好地了解读者需求，有针对性地提供个性化的服务。

可穿戴技术在智慧图书馆中的应用比较多样：通过配备可穿戴设备，如手表、蓝牙等，图书馆可以准确追踪读者的地理位置；可穿戴设备可以与图书馆数据库和借阅系统连接，读者可以通过手环、眼镜或其他可穿戴设备快速查询图书的位置和可借阅状态；可穿戴设备可以与库房中的自动化排架系统或机器人搭配使用。当馆藏书籍需要移动或整理时，读者可以通过可穿戴设备指引自动化设备完成书籍的排架和上架，提高图书馆的工作效率和准确性；可穿戴设备可以用于提升图书馆的安全性，为了防止图书馆书籍的盗窃或损坏，可以设置可穿戴设备感应标签，一旦检测到未经借阅的图书立即发出警报或自动锁定。相信在今后的发展中，可穿戴技术在智慧图书馆中的应用会更加普及。

2. 传感器技术

位于智慧图书馆感知层面的传感器主要由被测量器件、敏感元件、转换元件、变换电路、辅助电源五部分构成，敏感元件主要负责接收能量并进行测量，用于导出与被测量器件相关的物理能量，其中用于图书馆中的传感器主要包括温度传感器、湿度传感器、光敏传感器、气敏传感器等，转换元件的功能是将敏感元件输出的物理能量转换成电能量，并通过变换电路进行放大和功能调整，对智慧图书馆室内温度、湿度、光照进行异常检测并及时进行调整，有益于书籍的保护和读者的身体健康。

3.RFID 技术

RFID 技术是一种通过无线电信号读取相关信息的电子标签技术，具有体积小、识别速度快、抗干扰能力强、重复使用性、容量大、可穿透性强、耐用、安全保密等多种特性，主要以芯片的方式应用。RFID 技术可以用于标记图书馆的藏书，使每本书都有唯一的标识码。在借还书的过程中，使用 RFID 读写器可以快速地读取书籍信息，并将其归还到正确的位置。这样可以大大提高书籍的分拣和编排效率，节省时间。通过 RFID 技术，图书馆可以实时监控每本书的位置，当书籍被放置在错误的位置时，RFID 系统可以通过读写器和定位系统快速检测并校正这些位置错误。图书馆可以使用 RFID 标签来替代传统的条形码标签，将书籍的作者、出版社、国际标准书号、价格等存储在 RFID 标签上，将读者信息写入 RFID 标签中，图书馆可以通过 RFID 读写器轻松读取和识别读者信息。这样可以减少读者排队等待的时间，提高办理借阅手续的效率。将 RFID 技术与门禁系统融合，图书馆可以对借阅和归还的书籍进行准确记录，这样可以轻松检测书籍的遗漏和丢失情况，进而避免因书籍丢失或损坏导致读者承担不必要的费用。此外，读者信息的认证和管理也可以保障读者的人身安全，防止非法闯入和偷窃等事件的发生。

（二）网络传输层技术

1. 无线网络技术

无线网络技术在图书馆中的应用具有重要意义。作为高校或城市的标志性建筑，无线网络技术可以实现图书馆无线网络的全覆盖，为读者提供快速、稳定的网络连接。通过无线网络技术，读者可以在图书馆内的任何位置连接到互联网，轻松获取各种学习资源和在线信息。无线网络的全覆盖使得读者可以在舒适的环境中学习、阅读、研究，不会受限于特定的位置和有线连接。无线网络技术对智慧图书馆泛在化、智能化、互通化功能的实现意义非凡，不同类型的无线网络技术在不同的服务领域发挥重要作用。

2. 三网融合技术

“三网”指的是国内电信网、广播电视网、数字平台网，通过技术革新和统一，能够实现资源传播共享、网络互联等多种功能。在智慧图书馆建设中，“三网”技术的融合和支持十分重要，它们为智慧图书馆的泛在服务创造了条件，具有重要的作用。智慧图书馆的泛在服务体现在时间和空间的“泛在化”，即读者可以在任何地方、任何时间、任何方式下获取所需的信息资源，不受地域、语言和文化影响。三网融合技术，使得图书馆的各个部门实现了连接互通、透明合作，有效地实现了信息共享和资源互通。

3. 计算机通信网络技术

随着计算机通信网络的加入，图书馆的信息服务得到了极大的提升。计算机通信网络的高速通道为图书馆信息重组和便利供给提供了支持，实现了服务理念的转换。计算机通信网络是指具有相互独立性并处于不同地理位置的计算机借助通信链接、网络协议、互通设备等建立的复杂网络系统，计算机通信网络技术在智慧图书馆的广泛应用使得原本依存于各种文献载体的知识单元转换为以网络信号为传播手段的信息，打破了时空限制以及各种信息活动的局限，以便捷的服务手段为广大读者提供服务，营造了吸引用户的网络服务环境。此外，应用该技术可以提高图书馆多种文献资源的整合水平，进而提高灵活应对多方信息需求的系统服务能力。

（三）数据资源层技术

1. 数据挖掘技术

数据挖掘（data mining）又称为知识发现，它是一种从大量、复杂、存在噪声干扰的数据中提取隐藏在其中的有用信息的过程。数据挖掘涉及的技术和方法可以帮助人们发现数据中的模式、趋势、关联规则以及其他有价值的信息。通过数据挖掘，人们可以识别出事先不知道的信息，从而得出新的见解并做出有意义的决策。数据挖掘过程通常涉及数据清洗、数据集成、数据选择、数据转换、数据挖掘模型构建、模型评估和模型应用等步骤，这些步骤帮助从原始数据中提取出有用的信息，并在实际应用中产生价值。20 世纪 90 年代后期，随着信息技术的迅速发展和图书馆现代化服务的推进，各大图书馆开始将数据挖掘技术引入图书馆现代化服务建设中，数据挖掘在图书馆服务建设中的应用潜力巨大，它为图书馆提供了更可靠的决策依据，能够提升图书馆的服务质量和效率。因此，数据挖掘技术一直备受图书情报领域的关注。数据挖掘的本质和目标是通过深层次的分析和挖掘来揭示数据中的有用信息和知识。通过智慧数据的利用，图书馆可以更好地与读者进行互动，为其提供个性化的服务和推荐，并在制定决策和发展规划时获取准确可靠的依据。智慧数据的应用也促进了图书馆向智慧图书馆的发展转型，为读者提供更智能、高效的信息服务体验。

2. 云计算技术

云计算和大数据是近年来备受关注的重点话题之一，它们的融合可以发挥巨大的潜力和创造力。云计算是一种通过互联网提供计算资源和服务的模式。它提供了弹性的计算能力和存储资源，使用户能够按需获取计算资源，而无需购买和维护昂贵的硬件和软件设施。云计算的核心概念包括基础设施即服务、平台即服务、软件即服务等。云计算是促进图书馆服务更新和创新的重要技术之一。云计算可以提供强大的数据处理和存储能力，并帮助图书馆管理者及时处理、分析和利用大量的图书馆数据。此外，云计算还可以提供可靠的数据备份和恢复功能，保障图书馆数据的安全性和可靠性。云计算和数据挖掘技术可以从图书馆的藏书资源、读者行为数据和业务数据等数据中提取有价值的信息，并进行深入的分析和预测。通过对读者行为的分析，图书馆可以了解读者的兴趣和需求，从而为读者提供个性化的图书推荐服务。同时，通过对图书馆业务数据的分析，图书馆可以及时发现和预测业务的发展趋势，从而做出相应的调整和优化，提升图书馆的服务水平和用户体验。这种智能化、个性化和层次化的图书馆服务可以提高图书馆服务对读者的吸引力，使读者更加愿意使用图书馆的服务，并加深对图书馆的认知。

3. 数据仓储技术

数据仓储是一个管理者用于存储、管理和分析结构化、半结构化和非结构化数据的集中存储环境。通过对多个数据源的数据进行提取、转换和加载处理，数据仓库将数据转换为统一的模式，使得数据在整个仓库中具有相同的结构和格式。这使得管理者能够更轻松地查询、分析和理解数据，制定更好的决策和业务发展战略。作为提供资源服务和进行科研探索的重要单位，图书馆收集并分析具备测量特性的相关信息对于管理者进行制度创新和效益评估具有重要的参考价值。因此，图书馆应用数学仓储技术能够更好地处理读者信息，这为图书馆服务评估提供了基础，使得管理者能够更准确地理解读者需求，评估服务效果，并做出相应的改进和调整，以提供更优质的图书馆服务。随着知识服务和大数据技术的融合，智慧图书馆可以通过整合馆藏资源并利用数据仓储技术实现高效处理读者问题和精准利用资源的效果。数据仓储技术可以将不同来源、不同格式的数据集中存储和管理，包括馆藏资源的元数据、读者的借阅记录、读者的需求和偏好等信息。通过整合馆藏资源并应用数据仓储技术，智慧图书馆可以建立一个集成的数据存储环境，将馆藏资源数据与其他数据源进行关联和分析，从而实现对资源的高效处理和利用。这使得智慧图书馆可以基于数据仓储提供更多样化、个性化的服务。此外，数据仓储技术还为智慧图书馆提供了决策依据，通过对数据仓库中的数据进行深入分析和挖掘，智慧图书馆可以了解读者的行为和偏好，预测读者的需求趋势，优化资源配置和服务策略。这种基于数据的决策可以帮助图书馆提供更具针对性、高效率的服务，提升读者的满意度和使用体验。

4. 信息推送技术

随着互联网的迅猛发展，用户面临大量信息的获取和处理压力。信息推送作为一种解决方案，通过将信息定期、直接传递给用户，为用户提供定制化的内容和个性化的服务，减少用户搜索和筛选信息的时间。传统的信息获取方式主要依赖于用户的主动搜索和浏览，用户需要主动去查找和筛选感兴趣的信息。而信息推送则将这个过程反转，根据用户的兴趣、偏好、行为等信息，将符合用户需求的最新信息直接传递给用户。这样，用户不再需要为了获取信息而主动搜索，而是通过接受信息推送的方式更为便捷和高效地浏览感兴趣的内容。信息推送扩展了用户接受信息的渠道和路径。传统的渠道如电视、广播、报纸等已经不再是用户唯一的信息来源。通过信息推送，用户可以接收到定制化和个性化的信息，而电子邮件、移动应用程序、社交媒体、短信消息等，都可以成为信息传递的渠道。这为用户提供了更多元化和多样化的选择，使用户可以更加灵活地获取所需的信息。

图书馆作为知识服务机构，其服务对象是广大读者，不同读者的信息需求和学术背景有很大的差异。信息推送技术可以根据读者的个性化需求，提供定制化的服务。基于读者的检索历史、兴趣偏好等信息，信息推送系统可以根据读者的需求选择相应的内容，并采用适合读者的形式进行展示，图文并茂，界面友好，交互性强，提高读者的阅读效率和满意度。信息推送技术使得图书馆服务具有主动性和方向性。传统的图书馆服务主要由读者自行检索并获取所需信息，但在信息过载的现代社会中，这种方式已经不能满足读者的需求。信息推送技术可以根据读者的兴趣、偏好、需求主动推送符合读者需求的信息，从而使得图书馆服务具有主动性和方向性，更有效地满足读者需求。

信息推送技术的最大特点就是主动服务。通过信息推送技术，图书馆可以主动向读者推送符合其需求和兴趣的信息，提高图书馆服务的效率、质量和读者的满意度。同时，也能减少网络信息输出载荷，减轻信息爆炸的影响，实现真正的定制化、场景化服务。

（四）智慧应用层技术

1. 数据可视化技术

在大数据环境下，高密度地分析多源数据并将其以可视化的方式呈现给用户是一种非常有效的信息处理方法。数据可视化技术使用图表、图形、地图等视觉元素，通过计算机将抽象的数据转化为直观、易于理解的形式，帮助用户从大量的数据中提取有意义的信息。通过数据可视化技术，智慧图书馆可以将隐藏在数据中的知识进行可视化展示，使得读者更容易理解和掌握。例如，可以通过图表、图形、热力图等视觉元素展示图书借阅模式、热门图书分类、读者行为趋势等，从而让读者更清晰地认识图书馆的知识结构和运行状况。此外，数据可视化技术还可以将抽象的知识转化为具体的视觉形式，使得读者可以通过视觉感知来理解和分析数据。例如，通过使用地理信息系统等技术，可以将图书馆的空间布局、分布情况以地图的方式展示出来，以便读者更好地了解和利用图书馆的资源和服务。同时，数据可视化技术还可以帮助读者在错综复杂的数据关系中发现和理解隐藏的模式和趋势。通过对数据进行可视化，读者可以通过交互操作、比较分析等方式深入挖掘数据内部的关联性和规律性。数据可视化技术还可以帮助图书馆理解用户需求、调整资源分配、优化服务流程等。

2. 虚拟现实技术

虚拟现实（virtual reality，VR）是一种模拟真实场景的计算机技术，它可以通过计算机生成的数字图像和声音等信息让用户身临其境地体验虚拟的三维世界。虚拟现实技术可以为用户提供高度沉浸式的交互式服务，能够创造逼真的场景和体验，让用户感觉自己处于完全不同的现实环境中。这种技术可以应用于多个领域，如游戏、娱乐、教育、医疗等。在智慧图书馆中，虚拟现实技术的应用也有很大的潜力。虚拟现实技术的多重感、可视性、渗透性、沉浸感使其受到图书馆的大力推广。虚拟现实技术可以用来创建虚拟馆舍，为读者提供身临其境的读书体验。读者可以通过虚拟现实头戴设备或者其他交互式技术进入虚拟的图书馆环境，自由地参观馆内书架、阅读区和活动空间等，与虚拟空间进行自由互动并获得具有立体感和真实感的体验。通过虚拟现实技术，读者可以身临其境地"走进"图书馆的虚拟空间中，了解整个图书馆的布局和运行模式，获得更直接和充分的信息服务，这也适当地弥补了读者在图书馆网站获取信息的片面性和局部化，增加了智慧图书馆的亲和力。

3. 多媒体技术

随着互联网技术信息处理能力的提升以及短视频时代的来临，多媒体技术的出现为图书馆带来了转型的可能性。多媒体服务可以更好地满足读者对信息的可视化和互动化需求，为读者带来更加生动、直观、多元化的学习和阅读体验。多媒体技术的核心是数字化处理和信息资源传输。通过计算机技术，可以将文字、图片、音频、视频等多种形式的信息数字化，即将其转化为计算机能够处理和传输的数字信号，这样就可以利用计算机强大的处理能力对这些数字信号进行处理、分析和传播。多媒体技术涉及多个领域，包括图像处理、音频处理、视频处理等。在图像处理方面，多媒体技术可以对图片进行编辑、修复、增强等操作，实现图片在计算机中的高效处理和展示。在音频处理方面，多媒体技术可以对音频进行录制、剪辑、混音等操作，使其具有更好的音质和音效。在视频处理方面，多媒体技术可以对视频进行剪辑、特效处理、压缩等操作，实现视频的编辑和传输。

图书馆作为知识传播和学习的中心，一直致力于为学生、教师等读者提供最新、最全面、最优质的信息资源。随着互联网技术和多媒体技术的迅猛发展，以及读者信息获取方式的变化，图书馆开始加强多媒体资源的建设。通过建立多媒体资源库，图书馆可以为读者提供更加直观、生动、丰富的学习资源，满足读者对信息获取方式多元化的需求。建立多媒体资源库的过程中，图书馆需要根据自身特点和学科构成，选择适合各学科的多媒体资源类型。例如，在文学学科中，可以收集各种文学作品的音频、视频等多媒体资料，帮助读者更好地感受文学的内涵和艺术魅力；在管理学科中，可以收集各种管理案例、管理课程讲解视频等，将管理知识以更加直观形式的呈现，帮助读者更好地理解和掌握管理知识。

二、智慧图书馆各个层次的功能

（一）智慧感知层功能

随着高新技术的大范围普及，加上图书馆数据采集、组织、分析能力的增强，图书馆大数据所呈现的容量大、时效性强、多样化等特点已经不再是图书馆数据分析决策的主要障碍，而图书馆本身所特有的价值密度高、变化快等数据优势已经逐渐成为完善智慧图书馆服务和提高读者服务质量的重要参考依据。智慧感知层使图书馆具有“感官”功能，使之能够及时进行物体和信息的双重感知。智慧感知层中的感知数据是数据资源层的数据来源，同时也为智慧应用层提供服务决策。具有计算功能、可连接网络的便携式可穿戴设备在图书馆中的应用可以采集读者的健康指标、行为偏好、心理生理特征等数据，实现了对读者相关数据的感知功能。由于物联网技术的深入应用，图书馆可通过各种传感器（温度、湿度、光敏）等感应设备收集图书馆环境数据，实现对图书馆环境的监测，实现水流控制、光线控制、温度调节、及时通风等功能，并通过互联网将硬件设备、阅读终端等连接为统一的整体，同时视频监控设备、网络监控设备的加入对图书馆内部实体资源的定位、管理和监控起到了重要的安保作用。由于图书馆拥有大量的馆藏资源，RFID 技术的广泛应用改变了图书馆按照图书分类号人工管理图书的传统。馆员只需要使用RFID相关设备将图书信息导入RFID标签进行存储，便于馆员高效管理的同时方便读者在图书管理数据库中查找，馆员可以掌握图书馆书籍排架、读者的借还数据、读者的阅读偏好等信息，为图书馆进行高效管理和提供个性化的用户服务提供了价值依据。

（二）网络传输层功能

网络传输层是整个智慧图书馆体系结构中的传输单元，用于实现物联、数据传输和控制功能。物联主要体现图书馆中人、物、设备、图书馆建筑等的协同互联，让图书馆各个要素形成统一的整体。利用蓝牙、Wi-Fi或ZigBee等无线网络技术可以实现图书馆内读者的定位和导航。通过接收读者设备发送的信号，图书馆系统可以获取读者的位置信息，并为读者提供室内导航、定位服务，帮助读者快速找到目标位置，如图书馆楼层、书架位置等。通过无线网络技术，读者可以使用自己的设备（如智能手机、平板电脑）与图书馆纸质资源和数字资源进行实时对接。读者可以通过连接到图书馆的Wi-Fi网络访问图书馆的在线目录、电子书库等资源，查询和借阅图书，以及进行在线阅读或下载电子资源。无线网络技术可以监管读者在图书馆内的行为数据。通过网络连接和对读者设备的识别，图书馆可以收集和记录读者的活动，如浏览记录、借阅记录等。这些数据可以用于图书馆的服务优化和读者行为分析，从而为读者提供更加个性化和有效的服务。图书馆设备的监管数据和读者的行为数据也可以通过无线网络实时传输给中央管理系统，用于分析和决策。数据传输则根据不同感知设备和系统之间的不同信息需求，通过无线网络、计算机通信网络完成数据的准确上传，以安全性、可靠性、高效性、快捷性的形式保证读者数据透明准确地流动，避免数据失真，并为数据资源层进行数据处理提供了安全的网络环境。通过网络的全覆盖，智慧图书馆可以为读者提供更多的便利和丰富多样的服务，读者可以通过网络连接在计算机屏幕前进行资料查询和服务预约，无需实际到馆，同时可以在线阅读数字化的图书、期刊等资料，无需借阅实体书籍。智慧图书馆还可以通过网络提供在线讲座和教育资源，读者可以通过屏幕观看相关内容。网络全覆盖使智慧图书馆将馆内外的信息及时推送给读者，包括新书推荐、活动通知等。

（三）数据资源层功能

数据资源层主要由读者数据和相关的处理技术两部分构成，根据智慧感知层采集的数据类型，可分为以下五种数据：馆内数据、读者行为数据、稳定数据、动态数据、情景感知数据。由于图书馆数据中的数据类型多样，涉及文本信息、图片、音频、视频、情境信息等变化复杂的数据，所以先进技术的运用对图书馆数据的存储与处理具有修正作用。数据仓储是对图书馆分散的数据进行抽取、清理、加工、存储、整合的信息处理过程，以确保图书馆数据仓库内的各类信息的完整性和结构的统一性。在这些数据的基础上可以对智慧图书馆的未来服务趋势进行定性定量分析和做出进一步的决策。数据挖掘又称为数据采矿，从大量的图书馆馆藏数据、文本数据、社交网络数据中探索隐藏在数据工程中的增值信息，也为智慧图书馆精准化服务、读者个性化推荐服务提供了平台支持。云计算在智慧图书馆的应用具有巨大的开发价值，特别是在大数据时代，云计算的高效运转加上其极强的计算能力，可以准确分析读者在网络中的检索历史信息、兴趣偏好信息，以及读者选择和剔除的相关信息，从多个方向了解不同读者的行为偏好，明确读者的信息需求，有效配合数据挖掘技术精准预测读者需求，并提供个性化和鲜明化的读者服务。在使用过程中，云计算不仅降低了图书馆处理数据的成本，还解决了图书馆数据类型繁杂、垃圾信息偏多、资源分布参差不齐等复杂问题，不断完善和丰富了智慧图书馆的服务。语义分析技术有助于自然语言、语音、视频等信息的识别和处理，理解文本信息中不同语段之间的文本单元有助于消除读者在检索资源时产生的词义分歧，最后信息推送技术的使用可以实现无差别的信息推荐服务，实现服务内容的无盲区和精确化。总之，图书馆应该灵活多样地采用大数据存储与分析技术，实现图书馆服务的最优化，发挥数据的最大价值。

（四）智慧应用层功能

1. 可视化服务

互联网时代来临，人们往往更加习惯于借助网络查找自身需要的信息，也更加偏爱通过百度、谷歌、图书馆检索平台等渠道检索信息，但是它们呈现的检索结果各异，甚至关联性不高的信息也颇多，因此健全图书馆可视化服务已经是大数据时代不可缺少的服务升级方向。图书馆可视化服务的核心目标是通过数据的可视化展示和呈现，使得读者更易于理解和利用信息资源。图书馆可视化服务可以通过数据挖掘和分析技术，将图书馆所涉及的大数据转化为可视化的图表、图像或地图等形式，使得读者能够直观地了解和发现图书馆所拥有的信息资源情况，包括馆藏图书、期刊、数据库等。读者可以通过可视化界面，更方便地检索和筛选所需的信息，同时也可以通过可视化展示的方式直观地了解信息之间的关系和相关性。通过健全图书馆可视化服务，图书馆可以提供更直观、可理解的信息检索和利用工具，帮助读者更快速地获取所需的信息，减少信息检索的时间和精力消耗，提高读者对图书馆服务的满意度和利用效率。

2. 虚拟现实服务

通过引入虚拟现实和增强现实技术，智慧图书馆可以创造虚拟三维馆景，为读者带来更真实、更直观的虚拟图书馆体验。在虚拟现实环境下，读者可以通过仿真的形式查找图书馆馆藏资源仓库中的相关数据和资料，打破了传统图书馆需要借助图书分类号查找的局限性。此外，虚拟现实和增强现实技术还可以为智慧图书馆带来更多的信息表现形式和交互方式。例如，读者可以通过虚拟现实技术体验数字资源的深度交互，通过手势控制、语音识别等方式来检索、筛选所需的信息。增强现实技术则可以为读者呈现更加真实、生动的图书馆环境，让读者更加深入地体验图书馆服务。智慧图书馆与传统图书馆相比具备在知识共享性方面的优势，以及通过虚拟现实和增强现实技术的融合创造图书馆仿真系统的可能性。这些创新性的服务方式和信息表达方式能够进一步提高读者利用图书馆信息资源的效率与实用性。将虚拟阅读功能运用于智慧图书馆，使得读者可以更加直观、深入地了解珍贵古籍和手稿资料。虚拟阅读技术可以将古籍和手稿的内容与图像三维化，使得读者可以在仿真环境中阅读珍贵的文献资料，从而更好地学习和研究相关领域的知识。智慧图书馆还可以通过虚拟化技术为读者提供更加直观、方便的图书馆导航服务。由于图书馆格局复杂，智慧图书馆可以利用虚拟化技术将整体布景进行模拟并通过信息推送的方式传递至读者手机，让读者能够清晰掌握图书馆各个楼层的布局和功能体系，更加便捷地找到所需的资源。

三、智慧图书馆技术模型构建的要点

（一）重视用户的隐私保护

用户在注册图书馆账号时提供的基本信息、网络行为痕迹、借阅记录等数据可能被智慧图书馆感知层抓取和采集，从而引发对个人隐私权的关注。确保用户隐私安全是智慧图书馆建设需要考虑的因素之一。智慧图书馆在进行数据采集和使用时，应遵守隐私保护的原则和法律法规的规定，采取必要的措施来确保用户的个人隐私得到保护。

1. 从技术角度加强用户隐私保护

引入 EPAL 语言（efficient privacy-aware learning）技术来加强智慧图书馆中用户隐私信息的保护是合理的。随着智慧图书馆的发展，用户隐私保护变得越发重要。EPAL 语言可以用于智慧图书馆中的感知设备，通过定义隐私保护的规则和策略，确保收集的数据仅用于预定义的目的，并设置数据的敏感程度。这样可以保护用户在图书馆内的信息不被滥用。在图书馆的网络传输层引入 EPAL 语言可以定义或控制用户信息传输的类型、目的、权限等，确保用户信息在传输过程中受到合适的保护，并避免被未经授权的第三方访问或使用。在数据资源层方面，数据挖掘、信息推送、语义分析等技术主要用来处理、组织、清除用户相关信息，为了达到预期的服务效果，就必然会对用户信息进行追溯，这为提前暴露用户信息踪迹制造了漏洞，所以用户匿名化技术的实施将用户隐匿在隐性的区间之中，让用户信息无法被定位，加上健全的信息加密机制实现了用户信息明文处理和保护的双重效果。为了保障用户服务的准确请求，可在智慧服务层设置身份认证、访问控制的动态静态密码机制，确保用户服务身份的唯一性。

2. 从多角度致力于用户隐私保护

用户隐私安全是社会关注的热门话题，仅仅从技术和隐私政策制定等层面难以确保隐私信息的隐秘性，所以多角度的协商管理机制对于用户隐私保护至关重要。第一，智慧图书馆可以根据网络环境和数据管理的特点，配置适当的安全杀毒系统，以预防恶意软件和病毒的攻击和侵害，这可以有效保障用户数据的安全。此外，图书馆需要及时更新杀毒软件和安全策略，以应对不断变化的威胁和风险。第二，智慧图书馆可以部署智能修复软件，检测和修复系统中的漏洞和缺陷，以减少安全风险和数据泄露的可能性。这需要图书馆配备专业的技术维护人员和安全管理人员，及时追踪和修复系统漏洞。第三，智慧图书馆可以将用户数据保存在云存储备份平台中，以确保数据的安全性和可用性。在数据备份时，图书馆需要根据数据的敏感性和重要性采取适当的加密和备份策略，以防止数据遗失或泄露。第四，数据加密是保护用户隐私的有效方法，智慧图书馆可以采用多层次的加密措施，对用户数据进行逐层加密并设置访问限制。这需要图书馆配备专业的技术人员和安全管理人员，加强数据安全管理和控制。

（二）以整体的理念加强各层次的融合

智慧图书馆各层次之间是相互统一、不可分割的。智慧图书馆的各个层次相互协作、相互支持，共同构建一个高效、智能的系统。智慧感知层是智慧图书馆的基础，通过各种传感器、设备和网络技术对外界环境和条件进行实时感应和测量。通过感知层，智慧图书馆能够及时获取各种信息，如温度、湿度、光照等环境参数，还可以通过读者身份认证、图书借还设备等获取读者的行为和需求信息。

感知层的数据收集和感知能力类似于生物的感知能力，可以时刻感知并测量来自各个方面的信息。这些信息对智慧图书馆的运行和发展具有重要意义，能够帮助图书馆更好地理解外界环境的变化和读者的需求，并根据情况做出相应的调整和决策。网络传输层在智慧图书馆中类似于生物体的脉络和传导系统，它实现了各个节点之间的连接和信息传播功能。在智慧图书馆中，网络传输层通过建立和管理各种网络连接，将各个层次连接起来，确保数据的流动和信息的传递。网络传输层需要提供稳定、高效的网络传输环境，保障各个层次之间的通信和协作，以实现智慧图书馆的整体智能化和高效运作。在智慧图书馆中，数据资源层负责管理和处理各类数据资源，包括读者信息、图书信息、借还记录、借阅历史、馆藏分布等。通过数据的收集、整理、存储和分析，数据资源层可以将数据转化为有意义的信息，进一步转化为知识，并为智慧图书馆的各个层次提供支持和指导。数据资源层需要建立合理的数据库结构和数据管理机制，确保数据的完整性、可靠性和安全性，以支持智慧图书馆的智能化决策和服务。

智慧应用层与生物体的氧气循环系统有一些相似之处。氧气循环系统可以将氧气分配到生物体的各个部位，并为它们提供所需的能量和支持，同样，智慧应用层可以将智慧图书馆中各个层次的数据和功能整合起来，为读者提供全面、高效的服务，为图书馆的长期发展提供动力和支持。但是各个层次之间的统一调节和有效控制是目前智慧图书馆构建的一大难题，智慧图书馆如何打造具有生命体特征的生态系统也是图书馆界值得深思的问题，所以本书从统一技术标准、软硬件规范化的角度来进一步探讨。

1. 统一技术标准

智慧图书馆是依托智能技术搭建起来的综合性图书馆，但是技术标准的欠缺成为其应用推广的主要瓶颈。所以智慧图书馆技术之间的良好兼容标志着服务传递渠道的成熟，图书馆应该与合作技术企业建立相关的技术标准，以统一不同技术之间的接口和数据交互方式，包括制定统一的数据格式、通信协议、命名规范等，从而实现智慧图书馆中不同技术的互操作和兼容。此外，为了确保这些标准的有效性和可持续发展，可以与技术界和相关标准化组织合作，借鉴成熟技术产业的体系结构和主流技术制定参数。

2. 软硬件规范化

在推进智慧图书馆发展的过程中，新软件和硬件设备的引进不可缺少，软硬件设备通过对应的接口通道加强各层次之间管理系统的交流。但是由于各大层次的相关系统之间存在差异，因此更加需要专业管理人员与技术工程师合作开发适应图书馆发展的软硬件设施。在软件方面，现存的图书馆管理系统应该秉承智慧化理念借助现代技术手段进行精确的查缺补漏，让当前的图书馆软件系统能够跟上智慧图书馆发展的步伐，做到系统的兼容。在硬件方面，由于图书馆旧硬件与智慧图书馆期望设备相比，后者硬件配置比较高端，所以应提升传统硬件设施的技术水平，加速标准接口统一化、运行参数合格化，以防止由于标准不同而造成的资源浪费、信息传输障碍等问题。

（三）以开阔的视野加强馆员职能转化

馆员角色职能的转化也是智慧图书馆面临的一大问题，图书馆流通工作将逐渐淡化，逐步向个性化主动推送、智慧参考咨询方向发展。馆员作为用户信息组织的关键人物，如何将用户体验发挥到极致，如何运用新型设备创新服务模式，如何帮助用户获取完整的知识体系已经成为智慧图书馆构建中需要考虑的重要因素。

1. 注重提升馆员素养

当今时代馆员缺少的不是知识，而是为用户提取知识的智慧，馆员努力提升自身素养也是自身素质的表达。馆员的素养包括综合信息精准检索、高效沟通、数据分析、良好的心理素质等，馆员要从“提供精准用户服务的专业馆员”入手，不断提高自身的专业素养和主动服务的意识，处理好与各行各业用户之间的关系，努力解决用户遇到的各种复杂问题，爱岗敬业，不断接受新事物和新理念。

2. 注重提升馆员对智能技术和智能化设备运用的熟练度

馆员除了具备相关素养和学科综合能力，还需要在智慧图书馆管理过程中掌握现代智能技术和设备。馆员应该利用信息推送技术精准推荐用户信息，熟练掌握 RFID 技术，加强用户身份的识别和借还书数量的统计，熟练掌握智慧图书馆引进的云计算技术、感知识别技术、可视化技术、智能化设备，馆员应树立终生学习的目标，充分体现智慧图书馆为用户服务的宗旨。

第三节　智慧图书馆的建设现状及发展趋势

自 2008 年起，物联网等新一轮技术改革引起了智慧城市和智慧社会的发展浪潮。图书馆作为信息的承载者和提供者，提供各种形式的信息资源，涵盖了广泛的领域和知识体系。在智慧社会中，人们对各种知识和信息的需求变得更为迫切和多样化，图书馆的信息资源能够满足不同用户的需求，促进知识的普及和国民素质的提升。图书馆不仅是知识的仓库，还是教育和研究创新的重要基地。在智慧社会中，图书馆在支持学术研究、教学活动和科技创新方面起着至关重要的作用。

一、智慧图书馆的现存问题

第一，服务效率有待提高。一部分读者对图书馆的印象还停留在以前，不了解也不会使用智慧图书馆更新的相关设备，需要在图书馆工作人员的帮助下进行操作，这种情况的存在对图书馆的服务效率存在着较大的消极影响。一些工作人员在进行书籍统计时也会存在一些混乱的现象。

第二，服务方式比较被动。图书馆服务只是满足用户的要求，不会主动向用户提供服务，这种服务模式和工作方式较为死板，无法更改工作地点。

第三，服务对象局限化。由于图书馆的地点是固定的、无法移动的，图书馆的受众也存在一定的局限性。

第四，服务内容较为单薄。当前，国内大部分图书馆的服务方式较为单一，服务的内容也较为匮乏和单薄。

二、智慧图书馆的发展困境

智慧图书馆是智慧社会的重要组成部分，智慧图书馆的建设极大地提升了图书馆的服务质量和效率，更好地适应了智慧社会的发展需求，为用户提供更便捷、更个性化的图书馆服务，促进知识的传播与共享，推动人们学习能力和创新能力的提升。但是当前我国智慧图书馆的建设却面临以下三个难点。

第一，智能技术落后。尽管我国在智慧图书馆的建设方面已经取得了一定的进展，但与一些发达国家相比，仍存在技术应用上的差距。智慧图书馆的核心是为用户提供更加便捷、个性化的服务，满足用户的需求。在应用技术的过程中，智慧图书馆应该从用户的角度出发，充分考虑用户的需求和体验，然而当前我国的智慧图书馆建设没有将“以人为本”的理念贯穿于智慧图书馆的设计、服务和管理中。

第二，服务理念陈旧。智慧图书馆的服务理念是非常重要的，它决定了智慧图书馆与传统图书馆的区别和优秀之处。智慧图书馆不仅可以提供传统图书馆的基本功能，还能将现代信息技术与图书馆资源相结合，为用户提供更加便利和丰富的服务。当前我国在智慧图书馆的建设过程中忽视了其对智慧社会建设的重要性，导致服务理念的陈旧与落后。因为智慧社会发展快速，科技应用不断刷新着人们获取信息和知识的方式。因此，智慧图书馆应该与时俱进，密切跟踪科技发展趋势，及时更新和改进服务理念，以适应日新月异的智慧社会的发展。

第三，实施效果不理想。智慧图书馆的成功不仅依赖于先进的技术手段，更需要具备相应专业知识和技能的工作人员来负责运行和维护。智慧图书馆不是一个简单的信息化系统，而是一个涉及多个学科的复杂系统，需要相关专业人才的全方位参与。目前许多图书馆还未采取对应的措施，图书馆的工作人员也缺少管理复杂系统的专业知识和能力，而且缺乏保障措施的策略无法最大限度地发挥效用。

三、智慧图书馆的发展趋势

第一，“自助服务”建设。自助服务在智慧图书馆中的应用是非常有前景的。自助服务在图书馆中的应用可以提高效率、降低成本，并且更好地满足读者的需求。在深入研究和实践自助服务建设的道路上，关键是平衡自助服务和人工服务的比例，确保自助服务的便利性和可靠性，同时也要考虑读者的不同需求和技术适应能力。通过不断创新和改进，智慧图书馆可以更好地满足读者的需求，提升服务质量和效率。

第二，信息主动推送服务。传统图书馆的服务模式通常是被动的，读者需要前往图书馆主动搜索和获取信息。然而，随着科技的发展和用户体验重要性的不断提升，图书馆也应该朝着更加主动的服务模式转变。图书馆可以通过多种渠道，如电子邮件、手机应用程序、社交媒体等，及时向读者推送最新的图书馆活动、新书上架、研讨会等信息，这样一来，读者能够第一时间获取图书馆的动态和最新资源。

第三，智慧课堂与移动学习。随着科技的飞速发展和信息的爆炸式增长，传统的教科书和教学资源可能无法及时更新并提供最新的知识。通过将智慧图书馆与学校的教育系统结合，可以实现教育资源的共享和及时更新。智慧图书馆可以与学校的教师和教育机构合作，定期更新并提供最新的科学文化知识资料，包括最新的学术论文、研究成果、科学新闻、实验数据等。学生可以通过智慧图书馆第一时间获取到最新的知识，打破时间和空间的限制。此外，智慧图书馆还可以结合学生的个性化需求和学科特点，为他们提供量身定制的学习资源和资讯。通过分析学生的学习数据和行为，智慧图书馆可以根据他们的兴趣、能力和学习目标提供个性化的学习推荐和资讯服务，帮助他们更高效地学习和获取知识。

第四，信息服务私人订制。对于图书馆而言，提供良好的阅读体验是至关重要的。随着数字阅读的兴起和技术的不断进步，图书馆也应不断地改变和创新，以满足读者多样化和不同层次的阅读需求。在这一背景下，私人订制的信息服务可以成为一种可行的途径和解决方案。这种服务可以根据读者的兴趣、偏好和阅读水平为其提供量身定制的图书推荐服务。例如，通过收集读者的阅读记录数据，利用机器学习、数据分析和人工智能等技术，为读者推荐其感兴趣的图书和内容，并为其提供个性化的阅读体验。这种服务不仅可以提高读者的满意度，还可以增加图书馆的市场竞争力。

第二章　智慧图书馆的资源建设

图书馆的资源是图书馆一切工作的前提，是图书馆最核心的“产品”，在图书馆工作中处于重要的地位。智慧图书馆离不开智慧图书馆中所存储的资源，包括印本资源、数字资源、多媒体资源、数据资源和开放信息资源等众多资源类型，共同构成了智慧图书馆的资源体系。

本章的主要内容是智慧图书馆的资源建设，分别从两个方面进行相关论述，依次是智慧图书馆的信息资源、智慧图书馆资源建设的策略。

第一节　智慧图书馆的信息资源

本节将对智慧图书馆的信息资源进行论述，重点了解智慧图书馆中都有哪些类型的信息资源，它们是如何被图书馆选择和组织的，以及智慧图书馆资源建设中可能遇到的问题及解决办法。

在智慧图书馆建设中，除了要满足用户通过智慧图书馆获取泛在服务的需求，还应存储一定量的纸质馆藏资源。这是因为智慧图书馆虽然依托智慧化的技术，构建了智慧化的管理和服务系统，提供智慧化的服务，但大部分智慧图书馆同时承载着传统图书馆搜集和保存人类文化遗产的功能，所以智慧图书馆也必须保存一定量的纸质文献。除此以外，智慧图书馆应不遗余力地开发数字资源、多媒体资源等，这也是智慧图书馆的性质和特点所决定的。智慧图书馆中存储的资源主要有印本资源、数字资源、多媒体资源、数据资源和开放信息资源等。本节将对这几种类型的资源进行详细论述。

一、印本资源

智慧图书馆中的印本资源主要包括图书、期刊、报纸、工具书、学位论文、会议资料等。其中图书是印本资源的主要组成部分，在馆藏资源中占据了绝大部分体量，也是除数字资源外获得资源建设经费最多的资源类型。期刊的时效性较强，一般期刊出版社会定期出版，学术期刊的学术价值比较高，在学术研究中有极高的地位。报纸比期刊的出版频率高，大部分报纸为一天一期，其信息新颖性强，但大多是新闻性信息，也有部分报纸为休闲娱乐类，丰富读者的业余文化生活。工具书是研究学科或领域必不可少的工具类书籍，一般为学校或科研机构的教学科研活动所使用，在图书馆馆藏中使用频率较低，但学术价值很高。大部分高校图书馆具有保存本校学位论文的功能，学位论文具有较高的学术价值，尤其是硕士、博士学位论文，体现了学生不同阶段的学术研究水平，一般学位论文会花费 1～3 年的时间来完成。会议资料是在学术交流会议上用于学术讨论、交流的资料和文献的总称，会议资料内容新颖，传递信息比较及时，学术价值比较高。除此以外，一些高校图书馆的印本资源还包括专利文献、标准文献等特种文献，它们也具有较高的收藏和学术价值。

（一）图书

1. 图书的起源与发展

“图书”一词最早出现于《史记·萧相国世家》，刘邦攻入咸阳时，“何独先入收秦丞相御史律令图书藏之。沛公为汉王，以何为丞相。……汉王所以具知天下厄塞，户口多少，强弱之处，民所疾苦者，以何具得秦图书也”①。这里的“图书”指的是地图和文书档案，它和我们今天所说的图书是有区别的。

进一步探求“图书”一词的渊源，可追溯到《周易·上系辞》记载的“河出图、洛出书”这个典故上来，它反映了图画和文字的密切关系。虽然是神话传说，但说明了这样一个事实：文字起源于图画，图画和文字确实是紧密相连的。古人称各种文字形态为“书体”，写字的方法为“书法”，“书”字还被作为动词，当“写”讲，如“罄竹难书”“奋笔疾书”“大书特书”等。以后，“书”便进一步被引申为一切文字记录。如“书信”“文书”“刑书”“诏书”“盟书”等。

随着历史的发展，人们对于图书的认识也在不断地发生变化。到了今天，人们已经不再把一创文字记录都称作“书”了。如文书、书信、诏书、盟书，虽然都带有“书”字，但已不包括在图书的范围之内。古文记载的内容多是记事性质的，如甲骨卜辞、青铜器铭文等，都是属于这一类的，其作用主要是帮助记忆，以便需要时检查参考，其性质相当于后世的档案。后来人们从实践中认识到，这些记录的材料可以变成总结经验、传授知识的工具。于是，便出现了专门传授知识、供人阅读的著作。这样，图书一词便有了较新而又较窄的意义。

---

① 司马迁．史记[M]．哈尔滨：北方文艺出版社，2019.

随着社会的进步和文明的发展，人们开始有意识地思考并利用文字记录、宣传思想，传播知识。这也导致了图书和档案逐渐被区分开来，形成了各自独立的制度。图书制度主要强调的是固定记录、保存和传承知识、学术研究和文化资源的功能，例如，图书馆作为一个存储、管理和提供图书的机构，为人们提供了丰富的学习和阅读资源。而文书制度则侧重于处理日常事务和进行行政管理，如政府机构和企事业单位会记录和归档各种文件和文书，这些文件主要用于记录行政决策、企业制度和法律法规等。

在我国古代，人们曾对图书下过不同的定义。例如，从图书的内容来讲有："百氏六家，总日书也。"（《尚书·序疏》）从图书形式来讲有："著于竹帛谓之书。"（《说文解字·序》）显然，这些定义是时代的产物，是就当时的实际情况而言的，不可能对以后的发展做出全面的概括。但上述定义已经正确地揭示了当时书籍的内容和形式特征，并且把"书"看作一种特指概念，把它与原始的文字记录区别开来。经过了长达数千年的演变，作为图书内容的知识范围扩大了，记述和表达的方法增多了，使用的物质载体和生产制作的方法发生了多次的变化；因而也就产生了图书的各种类型、著作方式、载体，以及书籍制度和各种生产方式。所有这些促使人们对图书进行了系统而明确的定义。

联合国教科文组织对图书的定义如下：凡由出版社（商）出版的不包括封面和封底在内 49 页以上的印刷品，具有特定的书名和著者名，编有国际标准书号，有定价并取得版权保护的出版物称为图书。①

图书的存在和发展反映了人类对知识的追求和对记录的需求。通过图书，人们可以将知识和思想传递给后代，推动文明的进步和社会的发展。图书不仅记录了过去的智慧和经验，也为现代社会提供了广泛的学习资源和知识来源。

2. 构成图书的要素

从竹木简牍到今天的各类图书，不管其形式和内容如何变化，只要认真地加以考察和分析，就可以看出图书都具有这样几个要素：要有被传播的知识信息；要有记录知识的文字、图像信号；要有记载文字、图像信号的物质载体；图书的生产技术和工艺也是制作图书的基本条件。

3. 图书的类型

图书按学科划分为社会科学图书和自然科学图书，按文种划分为中文图书和外文图书；按用途划分为普通图书和工具书。

① 王毅．信息检索 [M]. 北京：北京邮电大学出版社，2020.

4. 图书的特点

与其他出版物相比，图书的特点如下：内容比较系统、全面、成熟、可靠，出版周期较长，传递信息速度较慢。

（二）期刊

期刊由依法设立的期刊出版单位出版。在我国，期刊出版单位出版期刊必须经国家新闻出版署批准，持有国内统一连续出版物号，领取“期刊出版许可证”。

从广义上来讲，期刊可以分为非正式期刊和正式期刊两种。非正式期刊通常是指那些通过行政部门审核并领取了“内部报刊准印证”的期刊。这种类型的期刊主要用于行业内部的交流和信息传递，而不是面向公众发行。它们一般具有合法的地位，按照相关法规和规定进行运营。非正式期刊的特点是其发行范围有限，主要面向特定的行业或组织内部。它们用于促进行业内部的交流，共享最新的行业动态、研究成果。这些期刊在行业内起着重要的作用，帮助行业从业人员保持对行业发展趋势的了解，并促进相关知识和信息的传播。正式期刊通常由国家新闻出版署与国家科学技术委员会进行商议，经过审批后编入“国内统一刊号”。这意味着这些期刊在中国官方的期刊分类体系中属于已经审核和编目的合法期刊，公开发行和分发。为了获得这些机构的批准，办刊方需要满足一定的标准和条件，如具备一定的办刊实力、有清晰的办刊方针和覆盖一定范围的读者群等。因为这些期刊经过了严格的审批和筛选程序，所以在学术研究和知识传播中拥有很高的地位和信誉。通常，这些期刊由专业的学术机构、学会或出版社负责编辑出版，并经过同行评议等科学评审程序确保其学术质量和水平。这些期刊发表的论文和研究成果在学术界、科技界和社会各领域都具有重要的影响力和参考价值。

“国内统一刊号”是“国内统一连续出版物号”的简称，即“CN 号”，它是新闻出版行政部门分配给连续出版物的代号。“国际刊号”是“国际标准连续出版物号”的简称，即“ISSN 号”，我国大部分期刊都配有“ISSN 号”。①

此外，像报纸一样，期刊也可以从不同的角度进行分类。一般从以下三个角度进行分类。

1. 按学科分类

以《中国图书馆图书分类法·期刊分类表》为代表，将期刊分为五个基本部类：马克思列宁主义、毛泽东思想；哲学；社会科学；自然科学；综合性刊物。在基本部类中，又分为若干大类，如社会科学分为社会科学总论、政治、军事、

① 姚健，高玉洁，徐玉红，等．图书馆信息化建设[M]．天津：天津科学技术出版社，2014.

经济、文化、科学、教育、体育、语言、文字、文学、艺术、历史、地理。

2. 按内容分类

以《中国大百科全书》新闻出版卷为代表，将期刊分为四大类：一般期刊强调知识性与趣味性，读者面广，如我国的《人民画报》《大众电影》，美国的《时代》《读者文摘》等；学术期刊主要刊载学术论文、研究报告、评论等文章，以专业工作者为主要对象；行业期刊主要报道各行各业的产品、市场行情、经营管理进展与动态，如中国的《摩托车信息》《家具》，日本的《办公室设备与产品》等；检索期刊如我国的《全国报刊索引》《全国新书目》，美国的《化学文摘》等。

3. 按学术地位分类

按学术地位进行分类，期刊可分为核心期刊和非核心期刊两大类。

（三）报纸

报纸是一种定期发行的印刷出版物，作为大众传播的重要载体，报纸具有多重功能。首先，报纸可以涵盖各个领域的新闻，包括政治、经济、文化、社会等，为读者提供了一个全面了解社会动态和事实的渠道。其次，报纸可以引导和影响社会公众对特定问题的看法和态度。报纸的报道和评论在一定程度上塑造了公众的观点，对社会舆论的形成和发展起到重要作用。

凯撒把罗马市以及国家发生的事件书写在白色的木板上告示市民，这种报道形式虽然与现代报纸不同，但可以说是报纸的原型和起源。谷登堡在 1450 年代发明了西式活字印刷术，这一技术的出现对报纸的发行产生了重大影响。1493 年，罗马发行的报纸上刊登了哥伦布航海的消息。在那个时期，报纸的发行相对较少，而且通常只在发生重大事件或者其他引人注目的情况下才会出版。在 1609 年，德国的斯特拉斯堡市发行了第一份定期报纸，名为《斯特拉斯堡语音报》，主要报道华沙永久会议的消息。德国的定期报纸是通过复制手写新闻稿来实现印刷和发行的。这份周报在当时受到了广泛的关注和欢迎，很快就被其他国家的出版商模仿，成为全欧洲的一种流行媒介。由于定期报纸可以定时定量地传递新闻和信息，很快就成为政治、商业和文化信息的主要传媒工具之一。德国的《欧洲商报》是世界上第一份日报，该报于 1650 年左右在斯特拉斯堡发行，每天提供来自欧洲各地的新闻和报道。《欧洲商报》的特点是每天都有新的报纸发行，与之前的周报相比，提供了更频繁和及时的新闻更新。它通过快速的印刷和分发迅速传递世界各地的消息。该报纸主要涵盖政治、商业、文化和社会事件等方面的新闻。

在欧洲资产阶级革命时期，报纸得到了进一步的发展和普及，成为不同群体获取新闻信息的重要来源，受到了越来越多人的喜爱。

19 世纪末到 20 世纪初，报纸经历了一次显著的变革，发行量大幅增长，读者群体也不断扩大，标志着大众传播时代的到来。在过去，报纸的发行量相对较小，读者主要集中在政界、工商界等上层人士。然而，随着工业化和印刷技术的进步，报纸的生产成本下降，同时人们的文化、受教育水平也有所提升，这为报纸迅速扩大发行量提供了条件。通过采用更高效、廉价的印刷技术，报纸的生产速度得以提升，并且能够更广泛地覆盖到各个城市和乡村地区，这使得报纸的发行量从以前的几万份迅速增加到几十万份甚至上百万份。此外，报纸内容的改进也促进了读者群体的扩大。过去，报纸主要关注政治、经济和社会问题，目标读者主要是社会上层人士。然而，随着时间的推移，报纸开始关注更广泛的话题，如文化、娱乐、体育等，吸引了更多中下层人士的兴趣和关注。

（四）学位论文

学位制度的出现可以追溯到中世纪的欧洲。巴黎大学在 1180 年授予了第一批神学博士学位，这标志着学位制度的开端。学位论文答辩制度起源于德国和奥地利，在 19 世纪末和 20 世纪初逐渐形成，并在之后的一段时间内被其他国家和地区所效仿。学位论文答辩制度要求学位论文作者在提交学位论文并被官方审核通过后，进行口头答辩，以展示他们在研究领域中的专业知识和研究水平。通过学位论文答辩，证明了学生在学术研究方面的专业能力，以及在研究领域中的贡献和独创性。不同的国家和地区学位的命名、级别和类别有所不同，因此相应地也会产生不同类型的学位论文，其中博士学位论文具有较高的学术价值。20 世纪中后期，世界上每年产生的博士和硕士学位论文约 10 万篇。一般来说，通过学位论文答辩后，学位论文会被保存在授予学位的大学的图书馆中。这些学位论文通常不对外公开发行，而是供大学内部师生和研究人员进行阅览和参考。以确保学术成果的保密性和学术界的使用权益。为了更好地管理和提供学位论文的访问服务，一些大学图书馆将学位论文制作成缩微胶卷、电子版或其他形式，并编制相应的目录和索引。这些目录和索引可以帮助人们快速查找到感兴趣的学位论文，并提供相应的访问和复制服务。也有少数国家对学位论文进行集中管理，如英国学位论文统一存储在大英图书馆，不外借，只对外提供原文的缩微胶片；日本的学位论文也由日本国立国会图书馆统一管理。1938 年起美国的大学缩微胶卷公司编辑出版《国际学位论文文摘》月刊，分 A 辑（人文与社会科学）、B 辑（科学与工程），1976年增加C辑（欧洲学位论文，季刊）。该公司1973年出版的《学位论文综合索引》报道了1861—1972年美国、加拿大和其他一些国家（或地区）的400所大学的博士论文41.7万篇，可按主题和著者姓名进行检索。

学位论文是指为了获得所修学位，按要求被授予学位的人所撰写的论文。学位论文根据所申请的学位不同，可分为学士论文、硕士论文、博士论文三种。

按照研究方法不同，学位论文可分理论型、实验型、描述型三类，理论型论文运用的研究方法是理论证明、理论分析、数学推理，用这些研究方法获得科研成果；实验型论文运用实验方法，进行实验研究获得科研成果；描述型论文运用描述、比较、说明方法，对新发现的事物或现象进行研究而获得科研成果。

按照研究领域不同，学位论文又可分人文科学学术论文、自然科学学术与工程技术学术论文两大类，这两类论文的文本结构具有共性，而且均具有长期使用和参考的价值。

1. 博士学位

高等学校和科学研究机构的研究生，或具有研究生毕业同等学力的人员，通过博士学位的课程考试和论文答辩，成绩合格，达到下述学术水平者，授予博士学位。

①在本门学科上掌握扎实的基础理论和系统深入的专门知识。

②有独立从事学科研究工作的能力。

③在科学或专门技术上取得创造性的成果。

2. 硕士学位

高等学校和科学研究机构的研究生，或具有研究生毕业同等学力的人员，通过硕士学位的课程考试和论文答辩，成绩合格，达到下述学术水平者，授予硕士学位。

①在本门学科上掌握扎实的基础理论和系统的专门知识。

②具有从事科学研究工作或独立担负专门技术工作的能力。

3. 学士学位

高等学校本科毕业生，成绩优良，达到下述学术水平者，授予学士学位。

①较好地掌握本门学科的基础理论、专门知识和基本技能。

②具有从事科学研究工作或担负专门技术工作的初步能力。

（五）特种文献

特种文献是指出版发行和获取途径都比较特殊的科技文献，特种文献一般包括会议文献、科技报告、专利文献、学位论文、标准文献、科技档案、政府出版物七大类。特种文献特色鲜明、内容广泛、数量庞大、参考价值高，是非常重要的信息源。

高校图书馆收藏的特种文献一般有会议文献和专利文献。

1. 会议文献

会议文献是指在学术会议上宣读或交流的论文及其他资料。会议结束后，通常会将这些会议文献结集出版，如会议录、会议论文集、会议论文汇编等。

2. 专利文献

狭义的专利文献是指由专利部门出版的各种专利出版物，如专利说明书、权利要求书；广义的专利文献还包括说明书摘要、专利公报以及各种检索工具书、与专利有关的法律文件等。

二、数字资源

数字资源是指以数字形式发布、存取、利用的信息资源，包括文字、图片、音频、视频、数据库等多种类型的资料。数字资源的特点包括容易获取、复制、传播和搜索等，同时也具有可重复利用、节省空间和保持原始质量等优点。根据数据的组织形式，数字资源可以被分为以下几种类型：数据库、电子期刊、电子书、网页信息等。

按存储介质可分为磁介质和光介质两种类型。其中，磁介质是一种使用磁性材料来记录和读取数据的介质。常见的磁介质包括硬盘驱动器（HDD）、软盘、磁带等。这些介质使用磁场来存储数据，通过磁头读取和写入数据。磁介质具有较大的存储容量和较快的读写速度。光介质是一种使用光辐射来记录和读取数据的介质。常见的光介质包括光盘（如CD、DVD、Blu-ray光盘）等。这些介质使用激光光束读取和写入数据，通过光栅等方式来记录信息。光介质具有较高的存储密度和较长的寿命。

按数据传播的范围可分为单机、局域网和广域网等方式。单机指的是数据仅在一台独立的计算机上进行传播和使用，不需要与其他计算机或网络进行通信。这种方式适用于个人使用场景，用户可以在自己的计算机上独立地进行数据操作，不需要依赖网络连接。局域网是指一定范围内的多台计算机通过物理连接或无线连接的网络。在局域网中，用户可以共享数据、文件和资源，实现相互通信和协作。局域网通常用于学校、办公室、家庭等小范围内的计算机网络。广域网是指连接不同地理位置的多个局域网或计算机网络，可以覆盖较大的范围，如跨越城市、国家或跨越整个互联网。广域网可以实现远程访问、数据传输和资源共享等功能。

从资源提供者来看，数字资源可分为商业化的数字资源和非商业化的数字资源。商业化的数字资源是由商业机构、公司或组织提供的，以盈利为目的的数字资源。这些资源通常需要付费或通过订阅模式来获取。商业化的数字资源通常有版权保护，使用时需要遵守相关的授权和许可协议。中国期刊网等数据库是数字资源的一种，是由商业机构或组织提供的、以盈利为目的的数字资源。非商业化的数字资源是由个人、非营利组织、学术机构等提供的，主要用于教育、研究、个人分享等非商业目的的数字资源，这些资源通常是免费提供的。非商业化的数字资源通常具有开放许可，允许用户自由使用、复制和再分发。当然，图书馆特色资源库在建成之后也可以以商业化方式进行运作，此时，对其他图书馆而言，也可以称之为商业化数字资源。

（一）数据库

数据库是按照数据结构来组织、存储和管理数据的仓库，它产生于20世纪60年代，随着信息技术和市场的发展，特别是20世纪90年代以后，数据管理不再仅仅是存储和管理数据，而转变成用户所需要的各种数据管理方式。数据库有很多种类型，从最简单的存储各种数据的表格到能够进行海量数据存储的大型数据库系统都在各个方面得到了广泛的应用。

在信息化社会，充分有效地管理和利用各类信息资源，是进行科学研究和决策管理的前提条件。数据库技术是管理信息系统、办公自动化系统、决策支持系统等各类信息系统的核心部分，是进行科学研究和决策管理的重要技术手段。

数据库的基本结构分三个层次，反映了观察数据库的三种不同角度：以内模式为框架所组成的数据库叫作物理数据库；以概念模式为框架所组成的数据库叫作概念数据库；以外模式为框架所组成的数据库叫作用户数据库。

1. 物理数据层

物理数据层是数据库的最内层，是物理存储设备上实际存储的数据的集合。这些数据是原始数据，是用户加工的对象，由内部模式描述的指令操作处理的位串、字符和字组成。

2. 概念数据层

概念数据层是数据库的中间一层，是数据库的整体逻辑表示，指出了每个数据的逻辑定义及数据间的逻辑联系，是存储记录的集合。它所涉及的是数据库所有对象的逻辑关系，而不是它们的物理情况，是数据库管理员概念下的数据库。

3. 用户数据层

用户数据层是用户所看到和使用的数据库，表示了一个或一些特定用户使用的数据集合，即逻辑记录的集合。数据库不同层次之间的联系是通过映射进行转换的。

（二）网络数据库

数据库是按一定的结构和规则组织起来的相关数据的集合，通常分为层次式数据库、网络式数据库和关系式数据库三种。不同的数据库是按不同的数据结构来联系和组织的。计算机网络的特点是资源共享，数据和资源共享这两种技术结合在一起即成为在今天广泛应用的网络数据库，也称在线数据库或 Web 数据库。网络数据库的含义是以后台数据库为基础，加上一定的前台程序，通过浏览器完成数据存储、查询等操作的信息集合。网络数据库从使用角度来看，是一种基于浏览器／服务器（B/S）的数据库，具有互动性。

网络信息资源是指以电子数据的形式将文字、图像、声音、动画等多种形式的信息存放在光磁等非印刷质的载体中，并通过网络通信在计算机或其他终端再现出来的信息资源。

网络数据库是信息检索与计算机技术相结合的产物，其主要作用就是信息化的存取。现代化信息检索可以追溯到 20 世纪 50 年代，数字式计算机诞生后，人们开始研究将其应用于信息检索，并于 1951 年首次利用计算机进行文摘检索试验，初步证明了它的技术可行性。1953 年建立了单元词检索系统，1954 年美国国际商用机器公司的研究中心和美国海军兵器中心图书馆分别开发出计算机信息检索系统，它标志着现代信息检索系统的诞生。

20 世纪 60 年代是信息检索的开发和实用化时期。一批传统出版商和图书馆如美国国家医学图书馆（NLM）和美国化学文摘（CAS）等开始建立自己的计算机检索系统。其中美国麻省理工学院（MIT）开发的联机检索系统的记录中含有引用文献目录，可以用布尔检索、截词检索、引文检索和书目耦合技术。叙词法也开始在计算机检索系统中应用。

20 世纪 70 年代是计算机信息检索的发展和成熟时期。计算机技术在这一时期有了重大进展，如分时计算机、带终端的远程处理系统、廉价的大容量随机存储器（磁盘存储器）、分组交往网等的发展推动了计算机检索技术的发展。数据库迅速增多，全文检索开始走向实用化。

20 世纪 80 年代是信息检索全面和多元化发展时期。这一时期全文检索开始普及，光盘检索技术出现，自然科学类数据库继续增加，同时社科、经济、人文类数据库也不断增多，个人计算机的出现使得检索更加方便和频繁，计算机检索从较多地存在于科研领域逐渐向人们的日常生活转移。1988 年，信息检索界重要标准 Z39.50 协议颁布，使异构数据库和不同系统之间的通信可以实现，对信息检索产生了重要影响。

20 世纪 90 年代以后，是互联网检索发展时期。互联网的出现使得网上信息呈指数级增长，同时它又是无序、散乱的信息集合，人们需要一种简单易用的工具来方便地实现检索，从而迅速获取所需的信息。网络搜索技术在这种情况下应运而生，1994 年，以 Lycos、Alta Vista、Infoseek、Excite 为代表的第一代搜索引擎诞生，此时的检索系统响应时间还比较长，1998 年以谷歌为代表的第二代搜索引擎诞生，大大方便了用户的检索行为。2000 年 1 月百度公司成立，它是目前世界上最大的中文搜索引擎，它的出现极大地方便了中文用户使用网络。

按照国际上通用的分类方法，网络数据库通常划分为以下几种类型。

1. 参考型数据库

参考型数据库是指指引用户到另一信息源以获得原文或其他细节的数据库，又称为指示型数据库，包括书目数据库和指南数据库。

①书目数据库是指存储某个领域的二次文献（如文摘、题录、目录等）的数据库，又称二次文献数据库或文献数据库，如美国化学文摘数据库 CA Search 等。

②指南数据库是指存储关于某些机构、人物、出版物、项目、程序、活动等对象的简要描述，指引用户从其他有关信息源获取更详细信息的数据库，也称指示性数据库，如机构名录数据库、人物传记数据库、产品数据库等。

2. 源数据库

源数据库是指能直接提供原始资料或数据的自足性数据库，用户可直接获取足够的信息资源。又可以分为数值数据库和文本 - 数值数据库。

①数值数据库指专门提供以数值方式呈现的信息资源的数据库，如各种统计数据库。

②文本 - 数值数据库是能同时提供文本信息和数值信息的数据库，如产品市场报告数据库等。

③全文数据库指存储文献全文的数据库，如期刊全文库。

④术语数据库是存储名词术语信息、词语信息的数据库，也包括电子辞书。

⑤多媒体数据库是一种把文字、声音、图像、数值等信息进行存储，并对其进行一体化管理的数据库。

常见的中文网络数据有中国知识基础设施工程（中国知网，CNKI）、维普期刊资源整合服务平台、万方数据知识服务平台、北大法宝数据库、中国经济信息网等。常用的外文数据库有科学引文索引（SCI）、工程索引（EI）等。

（三）电子书

电子书，也称为e-book，是指将信息以数字代码的形式存储在磁盘、光盘等电子介质上，人们可以通过各种电子设备进行阅读和使用，同时也可以通过网络在线获取的信息资源。电子书具有以下特点。

1．无纸化

电子书不再依赖于纸张，以磁性储存介质取而代之。得益于磁性介质储存的高性能，一张700 MB的光盘可以代替传统的3亿字的纸质图书，这大大减少了木材的消耗和空间的占用。

2．多媒体

电子书一般不仅是纯文字，还添加了许多多媒体元素，如图像、声音、影像，在一定程度上丰富了知识的载体。

3．丰富性

由于互联网的快速发展，致使传统知识的电子化加快，基本上除了比较专业的古代典籍，大部分传统书籍都搬上了互联网，这使电子书读者有近乎无限的知识来源。

电子书一般有两种含义，一指e-book，二指专门阅读电子书的掌上阅读器。电子书的主要格式有PDF、EXE、CHM、UMD、PDG、JAR、PDB、TXT、BRM等，大部分移动终端设备均支持这些阅读格式。手机终端常见的电子书格式为UMD、JAR、TXT这三种。

电子书是一种便携式的手持电子设备，专为阅读图书设计，它有液晶显示器，内置上网芯片，可以从互联网上方便地购买及下载数字化的图书，并且有大容量的内存可以储存大量数字信息，一次可以储存大约30本传统图书的信息，特别设计的液晶显示屏幕可以让人舒适地长时间阅读图书。

（四）电子期刊

电子期刊也称为电子出版物、网上出版物。广义而言，任何以电子形式存在的期刊均可称为电子期刊，涵盖通过联机网络可检索到的期刊和以电子形式发行的期刊。

电子期刊的类型有两种：一种是纸质期刊的电子化，另一种是直接在网络出版的电子期刊。

网络出版的电子期刊从投稿、编辑出版、发行订购到读者阅读和意见反馈的全过程都是在网络环境中进行的，任何阶段都不需要用纸，它与传统的印刷型期刊有着本质的区别。电子期刊是以高新技术，包括高清显示技术、网络通信技术为载体，经过信息技术人员加工处理，运用现代检索手段，满足读者信息需求的出版物，并且融入了图像、文字、声音、视频、游戏等内容，此外，还有超链接、即时互动等网络元素，在增加了易读性和趣味性的同时又节约了成本。电子期刊的优势如下。

首先，电子期刊是机读杂志，它可以借助计算机惊人的运算速度和海量存储，极大地增加了信息量。

其次，在计算机特有的查询功能的帮助下，人们在信息的海洋中快速找寻所需内容成为可能。

再次，电子期刊在内容的表现形式上声、图、像并茂，人们不仅可以看到文字、图片，还可以听到各种音效，看到活动的图像。

最后，电子期刊给人们带来多种感官的体验，加上电子期刊中极其方便的电子索引、随机注释，使电子期刊具有信息时代的特征。

（五）网页信息

网页是构成网站的基本元素，是承载各种网站应用的平台。网页是一个包含 HTML 标签的纯文本文件，它可以存放在世界某个角落的某一台计算机中，是互联网中的一“页”，是超文本标记语言格式（标准通用标记语言的一个应用，文件扩展名为 .html 或 .htm）。网页通常通过图像页面提供图像信息，并且要通过网页浏览器来阅读。

网页上一般包括以下内容。

①文本，文本是网页上最重要的信息载体和交流工具，网页中的主要信息一般以文本形式为主。

②图像，图像在网页中具有提供信息并直观展示形象的作用，图像又包括静态图像和动态图像。静态图像在页面中可能是光栅图形或矢量图形，通常为 GIF、JPEG、PNG 或矢量格式；动画图像通常为 GIF 和 SVG 格式。

③ Flash 动画，动画在网页中的作用是有效地吸引访问者。

④声音，声音是多媒体和视频网页重要的组成部分。

⑤视频，采用视频文件使网页效果更加精彩且富有动感。

⑥表格，表格是网页中用来排列信息的布局方式。

⑦导航栏，导航栏在网页中是一组超链接，其连接的终端是网页中重要的页面。

⑧交互式表单，表单在网页中通常用来联系数据库并接受访问用户在浏览器端输入的数据，利用服务器的数据库为客户端与服务器端提供更多的互动。

网页上发布的所有内容都可称为网页信息，网页信息是一个巨大的信息源，它的信息质量参差不齐，真假难辨，需要信息使用者详加筛选。常用的网页信息有各类学习网站、政府部门统计数据、行业报告等。

三、多媒体资源

在计算机行业里，媒体有两种含义：一是指传播信息的载体，如语言、文字、图像、视频、音频等；二是指存储信息的载体，如磁带、磁盘、光盘等。目前，主要的载体有光盘、网页等。多媒体是近几年出现的新生事物，正在飞速发展和完善之中。

严格来讲，多媒体资源不算是一种资源类型，它是多种媒体资源的总称。一般包括文本、声音和图像等多种媒体形式。在计算机系统中，多媒体指组合两种或两种以上媒体的人机交互式信息交流和传播媒体，使用的媒体包括文字、图片、照片、声音、动画和影片。

多媒体是超媒体系统中的一个子集，而超媒体系统是使用超链接构成的全球信息系统，全球信息系统是互联网上使用 TCP/IP 协议和 UDP/IP 协议的应用系统。二维的多媒体网页使用 HTML、XML 等语言编写，三维的多媒体网页使用 VRML 等语言编写。在 20 世纪中后期，大部分的多媒体作品使用光盘发行，进入 21 世纪后，多媒体产品更多地通过网络发行。

（一）多媒体技术的应用范围

多媒体技术应用的范围相当广泛，主要包括音频技术，如音频采样、压缩、合成及处理和语音识别等；视频技术，视频数字化及处理；图像技术，图像处理、图像与图形动态生成；图像压缩技术，图像压缩、动态视频压缩；通信技术，语音、视频、图像传输；标准化，多媒体标准化。

（二）多媒体技术所涉及的内容

多媒体技术涉及的内容主要包括以下几方面。

①多媒体数据压缩：多模态转换、压缩编码。

②多媒体处理：音频信息处理，如音乐合成、语音识别、文字与语音相互转换、图像处理等。

③多媒体数据存储：多媒体数据库；多媒体数据检索，基于内容的图像检索和视频检索；多媒体著作工具，多媒体同步、超媒体和超文本；多媒体通信与分布式多媒体，会议系统和系统设计；多媒体专用设备技术，多媒体专用芯片技术，多媒体专用输入输出技术；多媒体应用技术，计算机辅助教学与远程教学，地理信息系统与数字地球、多媒体远程监控等。

四、数据资源

数据是事实或观察的结果，是对客观事物的逻辑归纳，是用于表示客观事物的未经加工的原始素材。数据可以是连续的值，如声音、图像，称为模拟数据；也可以是离散的，如符号、文字，称为数字数据。在计算机系统中，数据以二进制信息单元 0 和 1 的形式表示。

信息与数据既有联系，又有区别。数据是信息的表现形式和载体，可以是符号、文字、数字、语音、图像、视频等；而信息是数据的内涵，信息是加载于数据之上的，对数据做出具有含义的解释。数据和信息是不可分离的，信息依赖数据来表达，数据则生动具体地表达出信息。数据是符号，是物理性的，信息是对数据进行加工处理之后所得到的并对决策产生影响的数据，是逻辑性和观念性的；数据是信息的表现形式，信息是数据有意义的表示。数据是信息的表达、载体，信息是数据的内涵，二者是形与质的关系。数据本身没有意义，数据只有对实体行为产生影响时才成为信息。

数据的表现形式还不能完全表达其内容，需要经过解释，数据和关于数据的解释是不可分的。例如，93 是一个数据，可以是一个同学某门课的成绩，也可以是某个人的体重，还可以是计算机系某个班的学生人数。数据的解释是指对数据含义的说明，数据的含义称为数据的语义，数据与其语义是不可分的。

数据可以按性质、表现形式和数据结构三种类型划分。

（一）按性质划分

①定位数据，如各种坐标数据。

②定性数据，如表示事物属性的数据（居民地、河流、道路等）。

③定量数据，反映事物数量特征的数据，如长度、面积、体积等几何量或质量、速度等物理量。

④定时数据，反映事物时间特性的数据，如年、月、日、时、分、秒等。

（二）按表现形式划分

①数字数据，如各种统计或量测数据。数字数据在某个区间内是离散的值。

②模拟数据，由连续值组成，是指在某个区间连续变化的物理量，又可以分为图形数据（如点、线、面）、符号数据、文字数据和图像数据等，如声音的大小和温度的变化等。

（三）按数据结构划分

数据按结构的不同可分为结构化数据、非结构化数据和半结构化数据。

结构化数据简单来说就是数据库。结合典型场景更容易理解，如企业财务数据库、医疗数据库、教育数据库、政府数据库、其他核心数据库等。这些数据库有哪些需求呢？基本包括高速存储应用需求、数据备份需求、数据共享需求以及数据容灾需求。结构化数据即行数据，存储在数据库里，是可以用二维表结构来实现逻辑表达的数据。

非结构化数据库是指其字段长度可变，并且每个字段的记录又可以由可重复或不可重复的子字段构成的数据库，用它不仅可以处理结构化数据（如数字、符号等信息），还可以处理非结构化数据（如文本、图像、声音、影视、超媒体等信息）。非结构化数据库主要是针对非结构化数据而产生的，与以往流行的关系数据库相比，最大区别在于非结构化数据库突破了关系数据库结构定义不易改变和数据定长的限制，支持重复字段、子字段以及变长字段并实现了对变长字段和重复字段的处理以及数据项的变长存储管理，在处理连续信息（包括全文信息）和非结构化信息（包括各种多媒体信息）时有着传统关系数据库所无法比拟的优势。非结构化数据包括所有格式的办公文档、文本、图片、各类报表、图像和音频／视频信息等。

而半结构化数据就是介于完全结构化的数据（如关系数据库、面向对象的数据库中的数据）和完全无结构的数据（如声音、图像文件等）之间的数据，HT-ML 文档就属于半结构化数据。半结构化数据库一般是自描述的，数据的结构和内容混在一起，没有明显的区分。

五、开放信息资源

20 世纪 90 年代末，为了促进科学信息的广泛传播和学术信息的交流和出版，国际科技界、学术界、出版界和信息传播界因为互联网具有易传播且传播广的特性，在其基础上发展了开放存取（open access，简称 OA）。它的目标是提高科学研究的公共利用程度，并确保科学信息的长期保存。

（一）内涵

开放存取也称为“公开获取”“开放获取”，是在网络环境下发展起来的一种新的重要学术交流模式。《布达佩斯开放存取计划》（OBOAI）对开放存取的定义如下：对于某文献，存在多种不同级别和种类的、范围更广、更容易操作的存取方法，而且对文献的访问存在不同的政策和权限，文献的“开放存取”意味着用户通过公共互联网可以免费阅读、下载、复制、传播、打印和检索作品，或者制作作品全文的链接、为作品建立索引以及将作品作为数据传递给相应软件，或者进行其他任何出于合法目的的使用。①

（二）开放存取的两种实现形式

实现学术信息开放存取的主要途径有两种：开放存取期刊和开放存取仓库。目前美国和欧洲国家已经通过开放存取仓库和开放存取期刊两种途径来探索开放存取的出版模式。

1. 开放存取期刊

开放存取期刊是一种基于互联网的学术期刊，和传统期刊一样，它们同样对提交的论文进行严格的同行评审，以确保期刊所发表的内容具有较高的质量和可信度。同时，开放存取期刊也提供免费访问服务，让所有人都能够自由地查阅、下载和利用其中的学术文章。开放存取期刊由于以网络电子期刊为主，显著降低了出版和传播成本。开放存取期刊通常采用“作者（或机构）付费出版，读者免费使用”的运行模式，也被称为作者付费开放存取（author-pays open access）模式。在这种模式下，研究者在论文发表时需要支付一定的出版费用，这些费用通常由研究机构或研究项目来承担。这些出版费用主要用于期刊的编辑、同行评审、格式校对、在线发布等环节，以保证期刊的运营和质量。传统的学术出版模式中，研究者常常面临着订阅费用高昂、获取学术文章受限等问题，而开放存取期刊以其免费访问、自由使用的特点，打破了这些限制，更好地满足了研究者分

① 孟银涛．泛在环境下高校智慧图书馆研究[M]．北京：中国农业大学出版社，2018．

享、发现和利用学术成果的需求。

2. 开放存取仓库

开放存取仓库是一种用于存放各种学术研究资料的在线平台，除了可以存放学术论文，还可以存放实验数据、技术报告以及其他各种学术文献等。开放存储仓库的特点在于不进行内容方面的实质评审工作，而只关注文献的格式和学术规范。开放存取仓库包括基于学科的开放存取仓库和基于机构的开放存取仓库。基于学科的开放存取仓库通常会收集并存储相应学科领域内的学术论文、会议记录、书籍、研究报告、海报和演示稿等学术研究资料，并提供给使用者进行下载、查看和利用。这些仓库通常采用开放获取模式，让使用者可以自由地获取和利用其中的内容，旨在促进全球范围内的学术交流和合作。机构仓库是由大学或其他机构创建的数字化知识产品档案库，提供给校内外的终端用户免费或基本无限制地使用。机构仓库可以由机构自行组织和开发，因此其内容和特点通常与机构的学术特色和文化相吻合。一些机构仓库如佛罗里达州立大学的 D-Scholarship 是基于机构独立创建的，而另一些机构仓库则是作为州或地区性联合体的一部分而创建的。机构仓库通过提供开放获取的方式，使得研究者能够轻松地分享和利用彼此的研究成果，从而促进了学术交流和知识创新。此外，一些机构还通过机构仓库来扩大机构的影响力和声誉，同时还有助于向公众宣传他们的研究成果和学术优势。

（三）开放存取对图书馆信息资源建设的影响

1. 对信息资源建设战略的影响

其一，信息资源建设环境日益开放和国际化。印本期刊时代的出版模式有明显的局限性，主要表现在无法提供开放式服务，这是因为印本期刊没有自己的独立网站，资源从获取到出版的所有程序都是人工进行的。普通数据库也如此，数据库提供商需要通过控制购买者的用户数量来增加库的销量，因此也不会提供开放式服务。开放存取期刊和知识库有自己的网站或网址，并通过互联网对全球用户开放，任何人都可以自由访问和利用其中的资源。开放存取期刊和知识库的数据是动态的，可以实时更新。这意味着学术研究的最新成果可以迅速反映在在线资源中，读者可以及时获取最新的研究成果和知识。值得注意的是，不同国家的科研机构和大学都在积极建设自己的机构知识库，并创办开放存取期刊。这种做法打破了以往资源建设环境的封闭状态，实现了资源的共享和合作。通过建设和开放自己的知识库和开放存取期刊，科研机构和大学能够将自己的研究成果和知识向全球开放，使自身受益于来自不同国家和地区的学术交流和合作。

其二，越来越多的学术期刊采用互联网在线的方式出版发行。互联网的兴起带来了革命性的变化，对出版业产生了深远影响。互联网为读者提供了更加便捷和多样化的阅读方式，人们可以通过电子设备随时随地访问和阅读在线内容。这使得传统的印本期刊面临着来自在线期刊的竞争压力。与印本期刊相比，在线期刊具有许多优势，包括更低的出版成本、更快的出版周期和更广泛的读者覆盖面。随着互联网技术和数字出版工具的不断改进，国外出版巨头也意识到在线出版的潜力，并且开始积极探索和转型。一些出版商选择将传统期刊转化为在线期刊，或者开设在线平台来发布他们的内容，他们希望通过在线出版来降低成本、提高盈利能力，并更好地满足读者的需求。相对于欧美国家，国内学术期刊出版领域的格局不同。在国内，学术期刊的出版领域相对分散，有很多不同的出版方和学术团体参与其中。这种格局使得印本期刊在学术界仍然具有一定的影响力和市场份额，因此开放存取期刊对印本期刊出版的利益冲击相对较小。

2. 对信息资源馆藏结构的影响

当前，国内图书馆的馆藏结构模式还停留在过去的封闭式网络和收费模式，这些印本书籍和数据库主要基于订阅和购买模式。图书馆需要支付一定费用才能获取到这些资源，并提供给用户付费使用。相比之下，开放存取资源采用免费开放的模式，通过互联网免费提供给用户，这意味着用户无需支付费用即可访问和获取这些资源。这种开放式网络和免费模式使得更多人可以自由地获得和利用学术文献、研究成果等知识资源。当这两类资源同时出现时，一般情况下用户更倾向于选择开放存取资源。随着时间的推移，越来越多的学术出版物和研究成果被以开放存取的方式发布，开放存取资源的数量和质量都在不断提高。这种开放存取的模式为利用和获取学术资源带来了更大的便利和灵活性，也满足了用户对开放存取的期待和需求。相比之下，传统的印本资源数量和质量相对有限，使用的受众也逐渐减少，而且随着时间的流逝，它们已经不能满足现代学术研究工作的需求，与开放存取资源相比，存在访问和共享的难度，并且在存储方面存在一定的困难。因此，在未来随着开放存取资源的稳定性和持续性的提高，人们对于开放存取资源的利用率将继续上升。由于开放存取资源拥有更高的访问量和可持续性，他们将会逐渐取代印本资源成为图书馆馆藏的主要形式。

3. 对信息资源共建共享的影响

近年来，我国的图书馆如中国高校图书馆联盟（CALIS）和中国科技期刊国家工程中心（NSTL）等信息机构致力于发展信息资源共享，为此展开了合作并取得了重要的进展。这些系统和机构旨在提供一个统一的平台，使各个系统内的人员能够免费浏览、下载和打印相关信息资源，实现资源的开放存取。此外，这些共建单位还提供本地区或某一范围内的资源，确保信息资源能够被更广泛地利用和共享。

对于外部用户而言，他们在使用这些共建系统和机构提供的信息资源时，获得的服务内容与内部人员相比是有差异的，即需要经过一系列的申请、注册、开通账户和预付款等手续才能获取服务内容。开放存取是一种倡导和践行知识平等的服务模式。与传统的图书馆服务模式相比，开放存取的目标是人们能够更广泛地获取和利用知识，不再受到国界和领域的限制。开放存取具有很多优势，从用户角度考虑，它带来了许多便利。首先，互联网具有易传播的特性，开放存取正是利用了这一点，迅速将研究成果和学术知识传播给全球受众，提高了馆藏资源的可见度和影响力。其次，开放存取的使用较为方便，用户可以在任何时间和任何地点，通过不同种类的终端（如手机、平板电脑等）登录访问开放存取资源，不再受限于传统图书馆的开放时间和地理位置。通过开放存取，用户可以迅速找到并获取所需的学术论文、数据和研究成果，无需进行复杂的申请、注册和付费等步骤，使用过程高效便捷。最后，用户在获取开放存取资源时不再需要支付获取资源的费用，这是因为开放存取资源通常是免费提供的。此外，开放存取资源通常采用一些开放存取许可协议，如创作共用或公共领域声明，这些协议明确了资源的使用和引用方式，降低了用户在使用过程中侵犯作者相关权利的法律风险。而对于创作资源的作者来说，将资源授权开放存取则可以使作者的作品更易于被发现和广泛传播，扩大了作者及作品的影响力和知名度。

第二节　智慧图书馆资源建设的策略

智慧图书馆的信息资源建设，既包括印本资源建设，也包括数字资源建设，还包括免费学术资源即开放信息资源的建设。

一、智慧图书馆的印本资源建设

（一）智慧图书馆采购工作的智慧化

采购工作由“与读者脱节”走向“强化征询读者意见”。馆藏是图书馆赖以生存发展的物质基础，文献采购作为馆藏建设的第一个步骤，采购水准的高低无疑将直接对图书馆运作效率的高低产生影响。传统的文献采购倾向于自上而下的采购，文献的读者常常处于资源建设最末端的弱势地位。图书馆的服务对象是读者，这是图书馆永恒不变的准则，图书馆体现其存在价值的唯一途径是读者的参与和使用。读者是图书馆馆藏服务的对象、中心、目的、动力、检验者，图书馆的各项服务都需要体现“以读者为中心”的核心理念，这才能体现智慧图书馆“以人为本，可持续发展”的内在特征及“以人为本，绿色发展，方便读者”的灵魂与精髓。可以看出，为了适应智慧理念的发展，图书馆馆藏资源的采购需要更加开放化、个性化、大众化，而不仅仅局限于少数馆员的研究领域和个人观点。理想的情况是，所有读者均可自由地提出个性化的文献采购要求，图书馆也要据此满足读者相应的文献需求，从而真正实现信息获取的人人平等。实现馆藏资源的采购由“局限于少数相关人员文献采购”走向“读者文献需求的全面开放”，即文献资源的采购对准读者的文献需求，而实现的方式有按读者的决策采购、图书馆推荐采购等。

（二）智慧图书馆馆藏管理的智慧化

RFID 管理系统是实现纸质资源智慧化的有效途径，通过对物联技术的运用，对图书馆采编、排架、流通等业务流程进行优化。目前，很多图书馆的在架书籍都配备了独一无二的电子标签，以实现馆藏管理的智慧化。

（三）智慧图书馆馆藏存储的智慧化

为解决物理空间紧张和实体馆藏维护之间的矛盾，远程合作存储是有效减少馆内实体馆藏的途径。远程合作存储需要各分布式的图书馆共同构建异地的、高密度的、可长期保存纸质文献的存储设备，各分馆拥有本馆所存放文献的所有权，也可选择资源共享或转让文献所有权。各分馆的读者有权力访问本馆远程存储的资源。在智慧化环境中，图书馆首先要明确自身的使命和角色，并依此制定馆藏发展策略。例如，有些图书馆致力于提供近期学术资源，一些图书馆更多的是承担长期保存低利用率文献资源的职能，但智慧图书馆从传统的负责保存纸本书献的图书馆转变为学习中心、交流中心、创新中心，因此，对馆内低利用率的纸本书献的存储空间进行改造是实现馆藏存储智慧化的途径之一。

二、智慧图书馆的数字资源建设——以高校智慧图书馆为例

几乎所有的数字资源类型都能在我国高校图书馆中找到，包括但不限于期刊、

报纸、电子书、学位论文、会议论文、科技报告、法律法规、专利标准、年鉴、参考工具、多媒体资源等。而在这些数字资源中，期刊、电子书、论文最为常见。

（一）高校智慧图书馆数字资源建设存在的问题

1. 图书馆引进数据库的数量较少

高校图书馆对中文数据库的引进明显比对外文数据库的引进少。然而，在中文数据库引进数量严重不足的同时，高校图书馆对外文数据库的引入数量也没有达到预期目标。

2. 数据库重复建设的情况较为严重

一方面，同一学校的数据库有重复。比较中国学术期刊全文数据库和中文科技期刊全文数据库，发现两个数据库都收录了 8 000 多种期刊，中国学术期刊全文数据库收录了社科类期刊和部分科技类核心期刊，中文科技期刊全文数据库收录了科技类期刊和小部分社会类核心期刊。虽然两个数据库中的大部分期刊有重叠，但它们的目的和着重点是不同的。如果某高校是一所囊括多种专业的综合类大学，文理都是重点学科，学校就会同时购入文科数据库和理科数据库，这样一来，数据库内容难免会有一些重叠。

另一方面，自建数据库重复建设情况也很严重。其中问题比较突出的是学科导航库的建设。以材料科学与工程学科的导航库为例，有五所中国知名高校图书馆同时对这一学科的导航库进行了建设。重点学科网络资源导航库共有 54 家高校图书馆参与建设，完成了 217 个重点学科的导航库建设，基本覆盖了我国高校主要重点学科。但有些高校图书馆将重点学科导航库里的资源复制，建立自己的学科导航库，这样的重复建设很浪费人力、物力。

3. 数据库建设缺乏统一的标准

如果想实现信息资源的共建共享和文献信息检索自动化，必须制定统一的数据库建设准则。制定公认的建设准则是实现数据库建设标准化的第一步。数据库建设的标准化体现在管理系统的标准化和数据著录的标准化。然而，我国没有设立信息资源建设管理机构，这就使得我国没有统一的数据库建设标准。各高校图书馆或数据库的创建者只能采用自己制定的、应用范围很小的一套标准。因此，各图书馆的数据库建设较为混乱，不具备通用性。图书馆管理系统方面，标引系统、检索系统和操作系统形式各异；数据库的字段、格式五花八门；数据的标引、分编、检索点选取没有统一的标准和严格的质量控制。这些问题导致各数据库创建者对数据的处理不周全、不标准、不一致，影响了数据库的交换使用和相互操作，从而使数据库的共享变得困难，数据库的功能不能被充分开发和利用。

4. 自建的数据库数量较少且质量也不高

我国高校图书馆自建特色数据库较少，特别是全文型数据库，再加上当前对数据库的建设工作局限于对现有资料的检索、复制，对数据库数据的深度加工工作不是很重视，而且很多高校都在创建同一主题的资料库，所以资料库的重叠不可避免。也有部分高校在创建数据库之后选择过滤掉不属于本校的用户，不允许他们查阅本校的数据库。这一行为有悖创建数据库的本意，即“共享”，使数据库的使用频率严重减少。

5. 数据库容量较小

我国高校图书馆的资源开发能力比较强，各馆都在开发特藏资源，但数据库的储存能力有限，多数数据库不能装载太多资源，所以链接资源占比较大。

6. 部分高校图书馆未实现数字资源整合检索

随着科学技术的发展和共享理念的传播，我国高校图书馆将数字资源整合到馆藏中的方法越来越先进、越来越高效，从简单的链接整合、导航整合发展到如今的跨库检索整合。在未来，图书馆也许能发掘更快速、更先进的整合技术。不过，也有很多高校图书馆没有掌握先进的技术手段，或者没有足够的经费，所以它们数字资源的整合程度不及其他高校图书馆。

（二）高校智慧图书馆数字资源建设的措施

1. 明确数字资源建设的规划与原则

资源建设规划是进行资源建设的纲领性文件，是对资源建设的目标、任务、方法、步骤等内容的明确规定。数字资源建设工作的首要任务就是制定资源建设规划。数字资源建设规划是数字资源建设工作的宏观指导，为数字资源建设工作提供政策性的标准和规范，为数字资源建设、数字资源服务与共享提供依据。

高校图书馆应该根据学校和图书馆的发展规划、学校学科建设情况、图书馆的购书经费等条件，制定数字资源的建设规划。建设规划应该包括数字资源建设的目标、方针、程序、模式、建设任务、建设重点、时间规划等内容。

建设数字资源时，应考虑以下原则。

（1）满足用户需求原则

在数据库建设问题上，图书馆建设者要以用户为本，认真思考教学和科研是否需要这项数据、如果没有这项数据会带来多大的影响等问题。建立数据库的最主要意义是为用户提供便利，如果不了解用户需要什么资料，那么数据库的建立将没有价值。除此之外，建库应以促进学科发展为目的，多搜寻一些与学科教学、科研密切相关的资料，既能满足学科需求，又能为社会带来收益。

（2）打造自身特色原则

未来的高校图书馆将是互联网不可分割的一部分，并将在数字资源的开发和利用方面发挥重要作用。如果图书馆数据库没有特色，就没有竞争力和发展空间。因此，理想的数据库在内容选择和分布方面应具有一定的特色，并将其作为自身的优势，让需要相关资料的用户满意。此外，还应思考此数据库在其领域是否具有一定的声望，与其他综合数据库相比是否是不可或缺的，找出差距，进而制订改进计划。

（3）标准化与规范化原则

数字资源的创建需要统一的创建原则，以确保其能长期保存、共享、互相操作，并实现分布建设、网络存取、资源共享的目标。因此，在设计和开发用于信息服务或其他领域的技术平台或网络系统时，应始终遵循一套通用的原则，使用具备兼容性的应用性软硬件。

（4）共建与共享原则

在当今数字化时代，任何一个高校都不可能，也没有必要仅凭一己之力将所有资料收罗进自己的图书馆。但是，如果图书馆的馆藏不足，没有足够的资源储备，用户很有可能搜寻不到他们希望看到的资料。鉴于此，一些规模较小、没有什么声望的图书馆就必须做出努力，主动加入全国性、地区性或本系统的信息库共建共享活动中，如和其他图书馆一起购入或构建数据库、互相借阅书籍或数字资料等。这样可以使图书馆的信息建设更加高效。

（5）安全性与可靠性原则

图书馆需要处理、存储、传输和管理大量数字资源，以便利用网络创建数字资产，并为大量终端用户提供广泛的信息服务。因此，系统安全至关重要。图书馆必须选择先进的技术、存储设备和网络设备，自动备份数据，使建设工作安全可靠地进行。同时，图书馆应利用先进的网络管理系统，通过监控、故障排除、故障诊断和重建等手段，保证网络系统中数据的安全可靠。

（6）保护珍贵资料原则

许多历史悠久的高校图书馆收藏了珍贵的孤本、手稿、照片和其他历史资料。为了保存这些资料，大多数图书馆都实行封闭式存放政策，即只保存不外借。这些资料通常只提供给少数研究人员，这种情况对特藏珍贵历史资料的开发和利用产生了消极影响。目前迫切需要将这些特藏资料数字化并转换成可供用户浏览和搜索的数据库，这一行为有助于保护我们独特的文化遗产，鼓励人们对其价值进行研究、开发和评估。

2. 加大力度引进中外文数据库

中文数据库提供商有自己的利益诉求，多数数据库量大面广，数据量相对较大，因此定价相对较高。一方面，需要购买中文数据库的学术图书馆应综合考虑数据库使用效率、学科基本情况、数据库重合度、经费投入等因素，在财力允许的情况下，根据学科专业基本情况购入尽可能多的专业数据库，以满足不同学科专业师生的科研和教学需求。

另一方面，图书馆在建立数据库时应更加主动。当前许多图书馆在购入数据库时并不积极，多数还处于被商户推销数据库，被动进行测试的阶段。随着全球数据库在世界范围内流动，图书馆要主动出击，合理利用这些资源进行图书馆的数据库建设。

3. 加强高校图书馆自建数据库的建设

我国高校图书馆使用的数据库越来越多，但自建数据库的数量却在减少。此外，还存在自建数据库的质量较低、数据库资源的实用性较低的问题。鉴于此，高校图书馆在建设数据库时应注意以下几点。

①注重收集有特殊价值的信息资料。数字化资源的一个特殊来源是收集教师和学生的文章，创建相关数据库，并将其链接置于图书馆网站，方便用户访问。同时，图书馆所收集文献的被引用次数可以反映高校的学术研究能力。学术图书馆还可以创建独特的地区数据库，收集与地区相关的资源。

②对收集到的文献进行精心加工，使文献成为高水平的二创文献。搜寻和开发利用文献是建立图书馆数字资源库的最主要环节。计算机应用软件和其他媒体只是知识创造的基本工具，而知识的组织、存储、加工、整理、创造、完善和发展才是建立数字资源库不可或缺的核心任务，直接关系到高校图书馆能从中获得多少利益，并对经济发展和技术手段创新有着相当重要的作用，是一项比软硬件建设更重要、更复杂、更长期、更耗时的系统工作。对信息资源的开发利用能力要达到先进水平，不仅要全面开发图书馆的信息资源，更重要的是要提高这些资源的利用率。为了保证图书馆文献信息资源的综合开发，必须根据信息量化的复杂程度和数据量的大小，对系统数据进行统筹和规范，制定各专业数据库的建设规划，有组织、有纪律地分工合作，实现总体规划。

③高校图书馆的优势在于丰富的书目和专业文献资源，在于获取国内外研究新视角、新思路和新趋势的能力，在于确保特定主题的文章和专著的质量和数量，

这些都有助于重点学科和专题数据库的建设。图书馆在保存资料和为教学、科研提供资源方面发挥着重要作用。一些高校建立了特定学科的专业文献中心，使高校图书馆拥有丰富的重点学科数据资料，资料内容的系统性和一致性将有助于重点学科数据库的开发。

4. 加强高校联盟，实现资源共建共享

由于数字化资料的引入价格逐年增加，预算的限制使大学图书馆难以执行长期的数据库建设规划，需要通过立法来保证信息资料的购置经费，建议教育部明确资料购置经费的核定比例，并对其进行监督管理。此外，高校和政府相关部门应团结起来，一起解决高校资金和文献资源有限的问题。

随着信息化时代的发展，建立数字图书馆和资源的共享网络是必然结果。这一行为能有效解决高校图书馆经费不足、资料数量少的问题。高校必须改革资源的管理和配置方式，以集中建设代替单个建设，以开放管理代替封闭管理，摒弃大而全、小而全的观念，杜绝重复建设造成的人力、物力、财力的巨大浪费，达到资源共建共享的目的。各图书馆必须更新思想理念，培养大局观，将实现建设目标的举措置于共建共享的环境中，和其他图书馆密切合作，共同制订建设计划，统一建设标准，实现共赢。高校还需要根据各馆的应用范围，明确每个馆应建设哪些方面的数据库，将数据库建设目标科学地分派给各个图书馆，整合各馆的资金投入，共同建立资源共建共享机制。这样一来，即使采用分散的数字资源存储和管理模式，也能在信息技术的支持下建立一体化的一站式检索和使用服务平台。

5. 加强数字资源整合检索建设

数字资源整合检索的工作不仅仅是把数据库聚集在同一个资源系统或在资源系统里插入某数据库链接。数据资源整合检索是根据特定的需求，从资源的内容、结构和交互关系出发，对数字资源进行优化，并对数据库进行分组和重组，使其成为一个崭新的数字资源系统，以提高图书馆的效益。数字资源的整合检索越科学合理，效果就越好。

①基于馆藏书目公共查询系统（OPAC）的信息资源整合。OPAC 系统是许多高校图书馆使用最广泛的资源整合工具，将其应用于日常的资源整合过程中，可以很大程度上提高现代图书馆所有可用资源的使用率。如今，高校图书馆都构建了自己的 OPAC 系统，拥有几十万甚至上百万条书目。在这种情况下，可以利用 OPAC 系统将图书馆的其他资源整合起来。一般有两种方法：一种是 Z39.50 协议聚合不同的 OPAC 系统，为图书馆建立一个联合的书目查询系统，这种方法在整合传统书目的查询系统时较为常见；另一种方法是在 MARC856 字段中存储

电子文献的统一资源定位符，让人们能够检索实体图书馆中的电子文献。这样做的独特优势是让读者可以方便地获取外部或数字化的书目资源，而不会超出图书馆资源和服务的限制，也不会在搜索图书馆资源和服务上花费时间和金钱。

②基于跨库检索的信息资源整合。关于某一特定主题的文献可能同时存在于不同的数据库中。在这种情况下，如果读者想要获取相关主题的资料，就不得不从不同的数据库逐个查找，这样会耗费很多时间和精力，也不一定能找到关于这一特定主题的所有文献，再加上各个查找系统的查找方法、组织规则不同，又增加了用户查找资料的难度。对比之下，在一个信息资源平台上同时搜寻多个数据库资源的功能就能使用户对资料的查找过程更加便捷，同时，通过多个数据库的整合和联合检索，用户前期对资料的查找工作会更加高效。

③基于资源导航的信息资源整合。资源导航系统指构建一个资源导航库，把多个数据库的检索入口集合成一个入口，用户通过输入资源名称、关键词、资源标识等信息来对资源进行访问。建立资源导航系统的目的是让用户根据某些特征浏览或查找资源，为用户提供这些资源的获取途径，从而使用户对数据资源的认知和理解更详细。根据格式的不同，可以把资源分为书目资料、期刊、数据库、电子书、电子期刊、会议论文集等，这些资源都可以整合到相应的资源导航系统中。目前，高校图书馆主要设有期刊和数据库资源导航系统。用户要知道资源的相关信息，才能利用资源导航系统查找到自己想要的资源，并且知道的信息越多、越细致，查找就越准确。对于不同种类的资源，用户需要了解的相关信息也不同。例如，当用户要利用期刊导航系统查找想要的资料时，需要知道期刊的名字、关键词、语种和学科分类、出版商等。通常来说，资源导航系统可以通过字顺浏览功能、分类浏览功能、关键词检索功能为用户提供服务。通过以上功能，用户能用很短的时间找到自己想要的资料。建立资源导航系统时，还可以借助超文本链接对资源进行整合。链接整合指的是对相关资料的全文或目录浏览后，发现这些资料的共性，或发现不同资料里可以互相衔接的内容，再利用超文本链接将这些资料串联起来的过程。使用链接整合的方式可以让用户在浏览所需资料的同时顺藤摸瓜，了解主题的前因后果，提高资料的使用率。对于用户来说，链接密度越大，提供的资料知识面越广，用户查阅资料时的体验感越好。然而，链接密度太大也容易带来不好的影响。假如用户进入平台后搜索到一页满满的链接，他们的思维便很容易混乱，记不清哪个链接对应哪部分的内容，从而深陷其中。因此，对信息资料的分类是非常关键的，需要遵守相应的准则。合理的分类方式能让用户用简便的方式迅速查找到自己想要的资料。与此同时，链接整合的应用能带来

更多的积极影响，因为各种学科不是独立存在的，相互之间有某种联系，它们不断延伸，形成学科系统。学科资料之间的交流，如某些论文的引用，反映了学科知识的累积性、连续性和继承性，并且不同学科知识之间也是有交叉、重合、联系的。论文之间的引用和被引用关系错综复杂，它们交织在一起，一个巨大的引文网络就产生了。利用超链接可以将这些论文串联起来，搭建一个承载了各学科研究成果的多面立方体，人们可以从中直观地看到各学科之间的联系。

三、智慧图书馆的开放信息资源建设

随着科技的发展，人们对开放存取的关注度越来越高，这主要是由于它的产生给印刷式文献资料的出版和传播都带来了重大影响。这些年，国内外开放存取市场发展得非常好，加强现存开放存取政策或创建知识库的高校、研究机构、学术协会的数量日益增加，也有越来越多的传统期刊出版商转向了开放存取市场。总之，开放存取资源数量正在以一个令人不可思议的速度快速增长。

从现实出发，对智慧图书馆的开放信息资源建设给出以下建议。

首先，出于使命和任务，图书馆需要安排专业人员调查开放存取资源，以提供更加全面的资料，满足用户的需求。外文期刊主要是由图书馆购买的，读者获取这些资料的方式主要是从图书馆借阅。期刊的开放存取已经影响到了图书馆的购买方式、购买资金、馆藏结构等。

哪些期刊属于混合开放存取，由谁出版，哪些开放存取期刊可以持续留存，是不是可以取代印刷期刊，这些都是图书馆面临的现实挑战。因此图书馆有必要成立一个工作小组，对其展开深刻、专业的研究，为优化馆藏结构、合理配置资源、提高资金使用效率制定切合实际的指导方针。

其次，在图书馆网站创建一个开放存取版块，让用户查找和浏览开放存取资源更加便捷。国内高校、研究中心和科研机构主要通过两种方式整理开放存取资源：第一，在网站的数据资源版块对具体的数字资源进行描述；第二，网站设立一个开放存取版块，专门讲述开放存取的概念、知识库、具体的开放存取资源。对比发现，第二种方法更合适。开设开放存取版块不仅能让用户了解开放存取的基本信息，还能更直观地告诉用户该图书馆的开放存取资源都包括哪些。而且第二种方法能帮助用户更快捷地获取所需要的资料，让开放存取资源得到更充分的利用。这是至关重要的一点，因为图书馆秉持着“一切为了读者”的发展理念，只要能给读者带来方便，能为读者带来更加优质的服务，付出时间和精力研究新技术、新模式就是值得的。

最后，包含丰富的高质量学术资料的开放存取资源是馆藏资源必不可少的一部分，图书馆应该对外大力推广，达到提高图书馆开放存取资源利用率和知名度的目的。我国图书馆的资源平均利用率为30%～40%，而理想的利用率为70%～80%。这个数据差距表明，资源的传播方面存在问题。资源共享是传播的重要一环，而想要做到资源共享，就要将图书馆资源对外开放。因此，图书馆要对外开放资源并大力推广，实现资源共享，这样才能使资源的传播更加有效。

图书馆需要从发展战略、采购资金、组织结构等方面入手，规划和组织开发开放存取资源。为确保开放存取资源的高速发展和可持续发展，需要获得相关的政策支持。开发资源时需要考虑两个方面：第一，根据现实情况规划开发经费，确保在有限的预算内使资源得到优化；第二，将用户的体验感放在第一位，以满足用户的科研、教学需求为基本条件。此外，图书馆还应为用户交流提供更多的途径，交流能激发用户的教学和科研灵感，使其从中获益。

第三章　智慧图书馆的队伍建设

智慧图书馆的发展需要坚实的基础设施以及人力资源支撑，演进过程中人力、技术以及资金雄厚的大型图书馆走在前列。因此，本章所讨论的智慧图书馆馆员配置以大型图书馆为参考，有利于更加充分全面地揭示智慧图书馆发展的人才队伍需求。中小型图书馆可以根据自身实力以及业务需求选择性地设立必要岗位，谋求自身的发展。智慧图书馆是对现有图书馆的发展和传承，是对现有知识服务型图书馆在服务上的革新。智慧图书馆与现有图书馆的服务以及馆员能力要求并无冲突，是在传承精华的基础上做到更全面立体的感知、更广泛的互联互通、更深入的智能运作、更高效的协同管理。

本章的主要内容是智慧图书馆的队伍建设，分别从两个方面进行相关论述，依次是智慧图书馆的馆员、智慧图书馆馆员的能力培养。

第一节　智慧图书馆的馆员

一、智慧图书馆馆员的重要性

智慧图书馆馆员是参考馆员在经历知识服务阶段转变为学科馆员之后的又一次嬗变，是从知识服务走向智慧服务的图书馆新角色。

未来的智慧图书馆应主要招收两种类型的馆员，一种是负责为馆内各种硬件系统正常运转提供支持的技术馆员，另一种是负责馆藏整理、与读者交流的专业馆员。

智慧图书馆馆员要做的就是在不破坏用户行为习惯的基础上，更快更好地回答用户提问。

与此同时，智慧图书馆馆员需要了解图书馆学的相关知识，拥有较高的图书资源搜集能力，能够为用户提供专业的个性化信息服务。智慧图书馆馆员是受过技能培训、积累了相关经验、能解决更多问题的学科馆员，也就是说，普通馆员能通过练习和训练成为智慧图书馆馆员。

①智慧图书馆馆员是知识服务环境中的学科馆员或者参考馆员在智慧服务环境下的发展。

②智慧图书馆馆员的各方面能力要求更高。

然而，智慧图书馆环境下的馆员不等于“智慧馆员”。图书馆各个岗位均要参与智慧服务，在新环境中均有新的职责与能力要求。图书馆的智慧性需要通过服务来体现，智慧性服务质量与馆员能力息息相关。智慧图书馆提供形形色色的多功能服务，通过智慧馆员的工作，基于智能技术的各种优质信息资源，鼓励用户获取信息和更新知识。智慧图书馆服务的四个组成部分是资源、技术、馆员和用户。其中馆员是核心，因为智慧是在馆员对用户的服务行为中体现的。

没有智慧馆员就没有智慧图书馆，这充分肯定了馆员的地位。成为智慧馆员的条件如下：有一定工作经验和资质；以终身学习为自身发展理念；能对遇到的不同问题灵活处理；具有创造能力；思想进步；有一定生活经验；等等。图书馆业务涉及众多岗位，各岗位对馆员的能力要求各不相同。

二、智慧图书馆环境下馆员的岗位变革

常规的馆员岗位围绕着图书馆业务流程分配，馆藏、采编、借阅、流通、咨询以及简单技术支持是图书馆的主要业务范围。随着图书馆业务的发展，编目外包，各馆编目人员的配比正在逐步降低。智慧图书馆引入大量先进技术，包括移动互联、无线射频以及数据挖掘等，将图书馆的服务推向一个全新的阶段。智慧图书馆中基础服务和自助服务比例增加，用户对专业化、个性化服务的需求增强，就服务深度而言，智慧图书馆的服务由简单的文献资源服务转变为知识服务，服务形式从时间和空间上嵌入用户环境。这些服务内容和形式上的转变，对图书馆馆员岗位变革产生了巨大影响。

（一）资源建设岗位的变革

1. 自助服务的投入

智慧图书馆将 RFID 标签和阅读器应用到图书馆的文献采购、分类编目以及图书的流通、典藏等各个环节，彻底取代了传统的条码、磁条等设备。RFID 技术实现图书的自助借还、盘点、查找、定位、顺架、分拣等一系列基础性工作。自助设备的投入减少了馆员原有的工作量，同时也对馆员提出了新的能力要求。

2. 数字资源建设加强

数字资源建设加强，相对应的数据馆员等岗位在国内外图书馆中不断涌现。同时，因为知识服务的发展，嵌入式学科馆员大受欢迎，数字资源建设不再局限在资源建设部门，嵌入用户环境及时掌握用户需求的服务部门也开始承担起部分资源建设的责任。

（二）流通借阅岗位的变革

智慧图书馆彻底改变了传统图书馆业务的结构，使用 RFID 技术完成图书采编、借阅、分拣以及盘点工作，实现图书馆的用户自助借阅功能。这一转变缩减了低技术含量岗位的人员配置，可由非在编人员完成简单工作，节省人力成本，同时，为相对高技术含量的岗位腾出空间。

（三）参考咨询岗位的变革

从学科服务萌芽的那一刻起，参考咨询注定要进行一场伟大的革命。

学科馆员从学科资源建设、参考咨询、用户培训以及院系联络等工作发展为现在的嵌入式学科馆员，融入环境，嵌入用户使用过程。事实上，学科服务完成了一次服务流程的整合，提供一种动态的、面向用户的交叉团组体系。学科服务基于分布式多样化的动态资源、基于自主创新的服务，以用户动态需求为导向，将原本分散的业务流程集成。准确来讲，学科服务不只是对参考咨询的变革，也是对图书馆原有组织架构的重组。学科服务以任务为导向，集成各业务流程，嵌入用户环境提供服务，因此，发展后的学科馆员任务重、要求高，也是图书馆提供知识服务以及智慧化服务的关键节点。

（四）技术支持岗位的变革

随着图书馆科研数据管理工作的开展，大数据环境下智慧图书馆面临着数据处理问题，有必要设置数据馆员岗位。图书馆应存在专门的负责数据收集整理、统一加工、数据共享和重用、研发先进的知识服务引擎的管理人员，他们分析数据、集合存储需求、制订管理计划、收集与传播数据等。同时，图书馆应该专门设立数据馆员岗位，通过对岗位要求来促使数据馆员提高自身的服务技能与素养。

三、智慧图书馆环境下的馆员构成

为了适应用户不断变化的需求，更新理念与服务是图书馆发展的动力。馆员结构也必须根据图书馆发展做出相应调整。馆员的组织形式必须围绕图书馆的业务构建，随着图书馆业务的变更，增设某些岗位或者扩大原有岗位的职责范围，是近年来图书馆内部组织结构变化的显著特点。

图书馆知识服务团队由专题处理人员、学科馆员、信息咨询人员、技术人员、管理人员以及外聘专家组成。智慧图书馆的智慧服务团队也应该涉及图书馆业务的各方面。智慧图书馆馆员按照专业程度分为专业馆员和辅助馆员；根据业务范畴分为学科服务馆员、资源建设馆员、技术支撑馆员、图书馆管理馆员；根据内容专业程度分为辅助型、技能型、特色专业型、专家级、领军型五个层次。

智慧图书馆应致力于专业馆员的发展，包含学科服务团队（学科馆员、学科情报分析人员、信息素养和教学支持馆员、电子资源建设馆员、阅读推广和文化活动策划馆员）、科技查新馆员；编目部的外文书刊编目馆员；技术部的技术应用及系统研发馆员；特藏与数字化部的特色馆藏组织和服务馆员、数字化业务管理馆员。这些馆员是及时发现用户需求、跟紧技术发展、调整服务形式及内容，为用户提供更便捷、更全面的智慧服务的中坚力量。

四、智慧图书馆的馆员职责及胜任力

“胜任力”被定义为担任某一特定任务角色所需要具备的能力素质的综合，能够明确区分在特定工作岗位和组织环境中杰出绩效水平和一般绩效水平的个人特征。图书馆员的核心胜任力为信息组织能力和对组织的管理能力。

（一）关于胜任力的研究

胜任力就是馆员胜任图书馆工作岗位的能力，大致分为以下几种：领导胜任力、文化胜任力、专业胜任力、信息技术胜任力。

1. 不同岗位的馆员胜任力

图书馆馆长胜任力：研究者分析了智慧图书馆馆长的能力评估体系，确定了由知识、能力、人格一级指标和16个二级指标组成的能力模型。

学科馆员胜任力：学科馆员胜任力可以概括为个性要素、知识要素、技能要素三个方面，也可以分为知识、能力、工作态度、意识四个维度。

参考咨询馆员胜任力：参考咨询馆员的胜任力包括在线交流技能、评估和服务技能。

2. 通用的馆员胜任力

胜任力研究试图解释承担图书馆岗位工作需要的能力，且这些能力的划分能够为图书馆在人员选拔、培训、开发以及绩效评估方面提供参考。通过研究可以发现：

①不同岗位馆员胜任力存在差异。最为显著的应该是学科馆员与技术型馆员。业内统一认为学科馆员对专业知识、服务能力以及团队协作能力要求更高，这是他们区别于其他馆员的显著特征。而技术型馆员对计算机技术要求更高。

②不同岗位也存在胜任力共性。例如，协调沟通能力、服务创新能力以及学习能力对每一个岗位都很重要。

③胜任力的描述都比较抽象，不能结合馆员职责展开。

（二）智慧图书馆环境下馆员的胜任力

1. 基本胜任力

为了适应瞬息万变的形势，图书馆馆员不仅要有能力实施和管理现有的系统和服务，还要具有高度的观察力和责任感，能够跟上用户的信息需求，了解如何开辟新的信息路径以提高服务质量，关注新技术，有效地传播信息。总之，智慧图书馆环境下的馆员应具备以下能力或素质。

服务意识及执行能力。图书馆的目的就是服务用户，因此，每位馆员都应具备服务意识、责任心等良好的服务品质。通过积极良好的服务向用户传达“以用户为中心”的服务理念。智慧服务的开展高度依赖具有强大专业技能和胜任力的馆员。

专业服务能力。出版行业的发展以及数字技术的兴起，促使图书馆的服务理念从“以资源为中心”转变为“以用户为中心”。通信技术和互联网的发展打破了图书馆的服务界限。在智慧图书馆时代，用户的需求从简单的借还书发展为获取经过深度加工的知识信息资源。馆员的服务能力应不断更新，与时俱进。馆员应具备信息筛选、收集及整理加工的能力，利用信息处理工具为用户提供合理的知识增值服务。

学习与交流能力。学习能力是指以快速有效的方式获取知识信息，并转化为自身知识的能力；交流能力是指愿意听取他人的看法，理解对方传递的信息，同时有效表达自己想要传递的信息的能力。只有不断地学习交流创造具有生气的学习型氛围，图书馆才能成为有机生长的整体。

服务改善与创新能力。改善能力是提升服务品质、提高组织效率的关键。创新能力促使馆员积极寻求解决问题的方法，不断尝试新的技术和方法，激发馆员潜在能力，提升馆员的核心竞争力。

服务资源管理能力。面对复杂的需求以及工作任务，图书馆馆员在工作过程中需要具备一定的资源管理能力，对自己掌握的资源，如知识技能、经验、工具等进行有效配置；与外部协作，提高资源获取的便利性与持续性。

团队协作能力。随着图书馆服务的深化，对服务内容的知识含量、科技含量以及专业化程度要求更高。每个人的能力有限，常常需要以团队的形式提供服务，图书馆馆员的团队协作能力是不可或缺。

2. 学科馆员的职责与胜任力

（1）职责

学科馆员具有三项最基本职责。

一是学科资源建设。学科资源建设是开展学科服务的基础，学科服务可以联络学科用户、了解学科资源和用户的特点与状况，促进学科资源的利用。在开放的大数据环境下，学科资源多种多样，为学科建立集成的信息资源平台并定期更新维护是学科馆员的重要职责。

二是参考咨询。参考咨询是学科馆员最原始、最基本的职责，参考馆员可以为用户提供简单的问题咨询。学科馆员发展之后在具有一定学科背景的同时拥有相应的服务能力和手段，能够为用户提供更为专业的咨询服务。学科馆员融入用户的工作环境，使用微信、QQ 等通信工具开展工作，方便馆员与用户的双向反馈。

三是用户培训。用户培训的主要目的是帮助用户了解图书馆的资源以及设施；让用户学习图书馆资源以及设施使用的方法；提高图书馆资源的利用率，实现效益最大化。

（2）胜任力

学科馆员应具备九方面的技能和知识：具有丰富的该学科 / 专业的知识；具有良好的信息设计技能；具有良好的信息发现、文献检索方面的技能；具有为用户提供文献咨询的能力，并能利用文献管理软件；能够主动向用户宣传推广图书馆的服务；了解用户的兴趣和需求。

除此之外，学科馆员应着重提升以下三方面的能力：学科知识分析能力、教学科研辅助能力、新知识快速吸收能力。

3. 学科情报分析馆员的职责与胜任力

（1）职责

一是决策支撑。面向学科、院系，为学科发展规划、科研评估、人才评估提供数据和文献信息支撑。情报分析馆员利用现代情报分析方法以及分析工具，搜集整理信息为用户研究提供参考。

二是动态监测。面向课题、面向个人，提供学科发展前沿动态。图书馆员最早期的定题服务可视为学科情报服务的一种。学科情报分析馆员可根据用户需求，为重点学科提供学科态势分析、学科动态追踪等服务。

三是与学科馆员协作提供嵌入科研过程的学科服务。学科馆员嵌入科研过程的服务初期以及中期都需要大量的数据信息支撑。学科情报分析馆员在学科馆员与用户的沟通、数据源的选取与整理、数据分析处理以及关键情报点的识别过程中能为学科馆员提供良好的技术支持。同时，学科情报分析馆员与学科馆员可以合作形成服务团队，共同为重大项目以及课题服务。在人员紧缺的图书馆中，学科情报分析馆员与学科馆员的职责没有明确的区分。

（2）胜任力

一是具有某方面专业背景。学科服务的专业背景十分重要，这是学科情报分析馆员与相对应的院系或者课题组人员建立联系的重要软实力。

二是具有互补性的外语特长。学科情报分析服务有大量的数据源 / 信息源需要整理。在互联网时代，学科的发展是全球互通的，学科情报分析馆员收集国外信息需要一定的外语基础。

三是对学科发展趋势有一定见解以及跟踪能力。

四是情报分析工具使用能力。

五是情报数据筛选解读能力。

六是良好的沟通能力以及协作精神。

4. 信息与教学支持馆员的职责与胜任力

（1）职责

一是举办图书馆培训与讲座。包括馆员日常培训、用户服务培训、学科服务讲座、图书馆宣传推广讲座等。举办培训和讲座是图书馆参考咨询部的基本工作，有利于引导用户利用好资源，提高用户的信息素养。

二是开展教学支持工作。

（2）胜任力

一是文献分析工具使用能力。

二是数据库使用能力。

三是宣传策划能力。

5. 电子资源建设馆员的职责与胜任力

（1）职责

一是负责数据库商联系、日常管理、试用评价、故障排查。

二是负责电子资源的调研分析，参与电子资源采购谈判。

三是参与自有电子资源建设工作。

（2）胜任力

一是具备基本的计算机处理技术。

二是谈判以及合同草拟能力。

三是资源收集、整理以及处理能力。

6. 阅读推广和文化活动策划馆员的职责与胜任力

（1）职责

一是负责日常资源推介工作。

二是负责专题性宣传推广活动。

三是负责宣传片以及宣传资料制作。

（2）胜任力

一是具备绘图以及广告制作软件的应用能力。

二是具备宣传文案写作能力。

三是具备活动策划能力。

7. 科技查新馆员的职责与胜任力

（1）职责

提供各类型科技查新、论文收录引用检索服务。为用户申报项目、申报奖励、成果鉴定、课题咨询提供科技查新服务。

（2）胜任力

一是外语能力。

二是文献检索与分析能力。

三是专利检索与分析能力。

四是某一学科专业知识背景。

8. 外文书刊编目馆员的职责与胜任力

（1）职责

负责馆内外文书刊的编目和整理。

（2）胜任力

一是外语能力。

二是掌握熟练的编目技巧。

第二节　智慧图书馆馆员的能力培养

随着图书馆智慧服务的发展，图书馆馆员的个人素质情况对于提高智慧服务水平至关重要。建立优秀的智慧服务队伍，构建馆员能力素质模型，制定评价体系，评估馆员胜任力，一直是业界重点探讨的问题。尤其是学科馆员的能力素质，一直是业界关注的重点。

一、建立智慧图书馆馆员的测评指标体系

（一）学科馆员的素质测评指标体系

学科馆员素质测评指标体系研究提出利用学术性（信息组织能力、科研创新能力和外语能力）、服务性（奉献精神、事业心、协作性）、个性化（自信心、适应力）、保密性（体质、体力和气质）四方面的指标测评学科馆员的素质能力，并通过德尔菲专家评价法和模糊数学法计算其建立的 CASLPB 体系中各个指标的权重，最后得到的结果如表 3-2-1 所示。

表 3-2-1　馆员素质能力测评表

测评项目	测评指标	优	良	中	差
C 品德素质	C1 奉献精神	0.9	0.1	0	0
	C2 事业心	0.8	0.1	0.1	0
	C3 协作性	0.8	0.2	0	0
A 技能素质	A1 信息组织能力	0.8	0.1	0.1	0
	A2 沟通交流能力	0.7	0.2	0.1	0
	A3 科研创新能力	0.5	0.2	0.2	0.1
	A4 外语能力	0.6	0.3	0.1	0
	A5 学习能力	0.7	0.1	0.1	0.1
S 服务意识	S1 责任感	0.8	0.1	0	0.1
	S2 主动性	0.3	0.2	0.3	0.2
	S3 坚持性	0.5	0.2	0.2	0.1
L 资历结构	L1 学历等级	0.3	0.3	0.2	0.2
	L2 职称等级	0.3	0.2	0.2	0.3
	L3 工作经验	0.7	0.3	0	0

续表

测评项目	测评指标	优	良	中	差
P 心理素质	P1 自信心 P2 适应力 P3 自制力	0.7 0.5 0.6	0.1 0.3 0.2	0.1 0.1 0.1	0.1 0.1 0.1
B 身体素质	B1 体质 B2 体力 B3 气质	0.5 0.6 0.7	0.3 0.2 0.3	0.1 0.1 0	0.1 0.1 0

从其测评指标中可以看出品德素质、技能素质是馆员能力考察中最为重要的两点。该指标体系能够揭示对馆员进行评估时的侧重点，但其测评指标十分感性化，在实际操作中仍然有一定难度。

（二）基于能力素质模型的学科馆员测评指标体系

能力素质模型（competence model）描述并解释了员工执行任务所需的知识、技能、人品、资历，对不同级别的员工进行了定义，并对这些不同级别员工的能力水平进行了界定。用于馆员选拔的能力模型不仅分析他们的知识、技能和其他外部品质，还需要分析个性等其他重要的非智力特征。这样做的目的是选拔出高素质的员工，同时不落下主观能动性强、工作积极、能够通过专业馆员培训更新知识和技能的员工。此外，这些指标还可以应用到员工绩效的设置上。

学科馆员能力素质指标体系分为通用能力、职业能力和独特能力。其中，通用能力是适用于所有学科馆员岗位的能力，是学科馆员的基本技能和素质；职业能力是学科馆员自身获得的专业服务能力；独特能力是针对多学科服务表现出的基于自身业务素质和创新能力的特质。

结合麦克利兰能力模型通过问卷调查、样本分析、数据收集等方式构建馆员能力素质词典，根据绩效样本数据和能力素质词典进行综合分析，确定绩效优秀馆员和普通馆员在胜任特征上出现的频次和等级等指标，对其进行全面系统的统计分析和比较，找出共性和差异特征，确定能力素质模型的各级指标，并确定各指标在能力素质考评中的权重。为能力指标体系中的一级指标设置相应的权重系数，即知识（20%）、技能（40%）、自我概念（15%）和个人特质及动机（25%）。①

该能力测评体系更具体化地描述和刻画了对学科馆员的能力要求，操作性较

① 谢福明．智慧图书馆建设与应用研究[M]．长春：吉林出版集团股份有限公司，2021.

强，适用于学科馆员的选拔和评估，需要通过一段时间的工作实践来考察，不太适用于新进人员招聘。

二、确定智慧图书馆馆员的角色定位

因为大众对资料的需求和读者个人喜好的变化，馆员迫切需要转变角色，成为连接读者与资料的纽带，提高自己的服务质量。

（一）馆员必备的职业素质

馆员的传统工作任务仅限于对书籍资料的整理，其基本任务包括人工藏书、帮助读者借书和还书等。随着科技的发展，图书馆开始利用互联网更新技术手段，馆员在完成简单的体力任务的同时，还要从事线上的脑力活动，各种图书和其他形式的文献资料都由他们负责管理，以便更高效地为读者提供信息服务，引导读者找到他们想要的资料。新型技术的应用既能减少馆员的体能消耗，同时又提高了馆员的整体工作质量和效率。然而，也对馆员的综合素养，如文献检索能力、信息应用能力等发起了挑战。馆员需要具备的职业素质如下。

1. 馆员的职业道德素质

首先，馆员必须热爱图书管理工作，乐于助人，能从整理文献资料和为读者服务的过程中获得成就感。馆员要以“全心全意为读者服务”为行为准则。随着社会的发展和科技的进步，越来越多人参与到网络中来，因此网络信息质量参差不齐。对于一些不可避免的垃圾信息或不良内容，馆员要调节自己的心态，坚守职业道德，宣扬正确、积极的价值观，避免被不良信息影响，为维持图书馆良好的氛围做出贡献。

2. 馆员的职业心理素质

如今，科技越来越发达，越来越多的新型技术被应用于图书管理。馆员要面临的压力越来越大，需要不断学习新兴技术并加以运用，增强自身的核心竞争力，更好地服务读者。这要求馆员必须具备良好的心理素质，有了良好的职业心理素质，馆员才能时刻保持热情和活力，以更积极的态度面对工作，以优秀的业务能力和高超的沟通水平使读者满意。因此，馆员必须具备优秀的职业心理素质。

3. 馆员的专业技能素质

优秀的职业素养和能力是馆员最需要的。馆员不仅要有图书馆学、新闻学等相关学科的知识储备，还要及时了解当前信息，努力掌握计算机网络、数据库、多媒体等方面的专业理论和实践能力。为了更好地进行信息化管理，满足社会对图书馆和数据资料的需求，馆员要充分利用图书馆现有的数据资料，创造一个有益于读者高效获取资料的环境，更好地为读者服务。

另外，由于互联网的飞速发展，数据资料被盗取的事件也越来越多。对此，馆员要将学习相关的法律知识作为工作的一部分，完善自己的法律知识结构，确保数字资料的公平、有序、合法使用，保护知识产权，同时维护和谐的网络环境。

（二）馆员角色重新定位的必然性

当今世界是一个数字经济高速发展的世界，人们对数据资源的利用程度正面反映了人们的经济现代化水平。人们对资料的查找和应用主要在图书馆进行，因此，馆员起到的作用至关重要，馆员的服务是否专业将直接影响人们对图书馆数据资源的利用程度。在当今世界，越来越多的新型技术被应用于图书管理，馆员面临的压力越来越大。在这个形势下，馆员应该怎样做才能提高数据资料的利用效率，他们应该怎样提高自己的职业素养，以便更好地为读者服务是目前图书馆亟待解决的问题。从我国图书馆的建设和发展历史来看，不同时期的读者对图书馆的看法和认识不完全相同，这是因为不同时期我国的经济水平不同。大众对图书馆的看法和认识，决定了图书馆应承担的社会责任和馆员的工作内容。同时，不同时期的馆员都应学习当下最新的技术手段，以满足不同时期读者的需求，为他们提供更好、更高效的服务。在不同的历史时期，图书馆都扮演着图书资料储藏者的角色，馆员的日常工作是整理图书馆中的图书资料，并在读者需要获取资料时提供帮助。如今我们正处在科学技术迅猛发展的互联网时代，新时代对馆员的日常工作提出了更高的要求，与过去相比，当今的馆员扮演着更加多元的角色。图书馆是图书资料的储藏地点，人们能在这里获取自己想要的数据资料。如今，科技越来越发达，越来越多的新型技术被应用于图书管理。馆员要面临的压力越来越大，他们不仅需要良好的道德素养、优秀的心理调节能力，而且需要不断学习新兴技术并加以运用，使他们日常的图书管理工作更加高效、智能，工作效率不断提高。馆员的职能不仅是为需要资料的读者寻找相应资料，还要为读者介绍他们需要的相关知识。另外，馆员还需要把零散的图书资源整合为系统的数据资源，并向社会各界人士开放。这也就意味着，处在信息技术高速发展的时代，馆员要么具有较高的搜集、分析、加工、沟通能力，要么专攻某一领域，充当专家角色，如信息导航专家。只有这样，馆员才能有针对性地为有不同需求的读者提供更优质服务。

（三）馆员角色重新定位的可行性

第一，解决读者需求多元化问题，为馆员重新定位提供了基础。如今越来越多的图书馆开始使用新型技术手段，在面对大量信息时，能否充分利用互联网和新型技术手段来创新服务，已经成为图书馆服务水平高低的重要衡量标准。这一趋势使得馆员的自我定位更加精准，使其意识到自己的服务能力需要进一步提升。

随着社会的发展，读者所需要的数据资料越来越多变，读者越来越主动，馆员的职业能力正面临着新的挑战。这为他们审视自己的业务水平提供了基础，只有在对自己业务水平有正确认知的情况下，才能重新定位自己的角色，并为读者提供切实合理的帮助，为满足读者的不同需要做出应有贡献。

第二，解决信息技术现实问题，为馆员重新定位提供了平台。将新型科学技术运用到图书馆的数据管理和服务工作中，可以极大地提高图书馆的管理质量，同时也可以提高馆员的服务质量，让图书馆的社会职能得到更好的发挥。换句话说，网络和新型科学技术的广泛使用为图书馆带来了前所未有的发展契机，同时也为馆员带来了角色转变的任务。

第三，解决图书馆事业发展问题，为馆员重新定位提供了支撑。如今，随着互联网的普及和发展，人们可以很容易在网上找到自己想要的资料，这就使得图书馆原本的地位发生改变，图书馆不再是人们获得资料的唯一途径。图书馆想要再次取得优势，显然需要付出更多努力。馆员是图书馆的重要组成部分，因此，馆员要提升自己的综合素养，不再受制于传统的思维模式，对各种数据资料进行有效的整合，让自己的服务更加专业，让图书馆拥有更强的核心竞争力。

（四）智慧图书馆馆员的角色定位——信息专家型馆员

馆员是图书馆的重要组成部分，除了要全面提高自己的职业素养，还要积极开发、管理、整合、传播各种资源。馆员要让自己成为全能人才，就要把自己放在信息专家型馆员的角色位置上，就要帮助读者解决他们遇到的困难，从而使图书馆健康运行并长期发展下去。智慧图书馆馆员想要使自己真正成为信息专家型馆员，可以从信息资源管理、信息咨询、信息导航以及信息资源协调几方面着手。

1. 信息资源管理专家

在现代，信息资源已经是一种不可缺少的资源，而馆员更是图书馆信息资源管理中最为重要的角色。随着科技的飞速发展，信息资源的功效已经远远超出了个体发展的需要，而信息资源也成为科技与社会发展的重要力量。因此，对图书馆中的信息资源进行有效的管理，对于促进我国的经济和社会发展有着十分重大的现实意义。为此，智慧图书馆馆员必须将自己放在信息资源管理专家的位置上，以高效率、高质量的方式对各种信息资源进行搜寻、处理和提炼，为信息资源找到更多的应用场景，为用户使用信息资源搭建一个平台，为用户提供满意的服务。

2. 信息咨询专家

从图书馆所提供信息的形态可以看出，其具有传统与现代相结合的特征，因此，图书馆的信息服务应该主动与被动相结合，即一方面馆员为需要相关资料的读者提供服务；另一方面，馆员又要发挥自己的专长，进行主动的资料宣传，以更好地为读者提供服务。因此，馆员需要成长为信息咨询专家，以便能够顺应新的形势与需求，对传统的信息服务进行彻底的改革，能够对读者所需资料进行搜寻、加工、管理，并对相关的信息进行分析、优化和重组，从而对读者相关的问题进行正确的解答，对读者在特定的行业中的信息咨询问题以及读者所遇到的难题进行回答，从而提高信息资源的使用效率。

3. 信息导航专家

当前，图书馆对读者的服务分为两个部分：第一部分是图书馆藏书信息资源的外借，其中包含了各个学科的书籍、文献资料等；第二部分是网上的信息查询，也就是利用图书馆的数据库等建立一个与之相匹配的信息查询网络，以便快速、有效地满足读者的信息需要。所以，作为一名智慧图书馆馆员，不仅要具有一定的信息组织与处理技能，要对馆内的信息资源组成系统进行了解，还要能为读者提供信息服务，对读者的各类信息问题进行回答，从而更好地满足读者需求，提高图书馆的服务质量。

4. 信息资源协调专家

在馆藏的收集过程中，图书馆一般遵循针对性、主动性、特色性等原则。因此，当单个的图书馆不能依靠自身的资源来满足读者的需要时，通常会采用馆际互借、网上联合服务等方式来实现对外部的服务。这样做既能在某种意义上弥补藏书资源短缺的不足，也能让藏书资源的利用率得到最大限度的提高，让图书馆的资源发挥出最大的作用，更好地满足广大读者的多样化需求，达到图书馆的建馆目标。但是，要想把这项工作做好，充分发挥图书馆的功能，智慧图书馆馆员就需要具备很强的沟通和协调的技能。这就要求馆员扮演信息资源协调者和沟通者的角色。唯有如此，才能将图书馆的信息资源共享优势充分利用起来，为读者提供更好的服务，提高图书馆的地位，确立它在社会中的重要地位。

总之，图书馆要想让自己的工作人员成为一名信息专家型馆员，就必须使馆员的信息资源管理能力、信息咨询能力、信息导航能力以及信息资源协调能力全面提高。这样才能让馆员在遇到困难时从容应对，胸有成竹地为读者解答各类问题，真正满足读者的需要。

三、构建智慧图书馆馆员的引进、培训和发展机制

图书馆的发展由馆员个体的努力凝结而成，如果图书馆能很好地激励馆员，使其自我实现达到最大化，则必定助推图书馆事业的整体发展。图书馆应当制定人力资源开发政策和职业实践规范来吸引拥有优秀能力的员工，雇主或图书馆管理层需要认识到自己有责任改善整体的工作环境，图书馆应当打造一个“雇主品牌”来彰显职场人士喜爱的组织形象，组成“知识工作者社区”，并依此开展经常性的经验交流，依托高度网络化的环境，使馆员的知识与技能水平得到提升，最终形成倍增效应。

（一）馆员的引进机制

图书馆在馆员引进的过程中应该考量以下几个方面的问题。

1. 未来发展目标

在制度不断变革的情况下，各个图书馆编制都相对饱和。在引进馆员的过程中需要考虑的问题非常多。首先图书馆应该关注的是未来的发展目标。图书馆发展的每个阶段是逐步进行的，而人才是其中不可或缺的一部分。其次图书馆人员编制也要有一个长远的计划。图书馆应该结合今后的发展计划，配备适当的人员。优秀的人力资源就像健全的硬件设备，是建立智慧图书馆的重要基础。综合的智能系统、个性化的服务系统，这些都离不开技术馆员。在不同时期有计划、有目标地引入合适的馆员，也应当成为图书馆未来发展规划的一部分。

2. 现有馆员配置

图书馆在引入新的馆员时，要注意到目前的图书管理员队伍，应当对现有馆员的年龄结构、技术结构、学科结构，甚至语言结构等进行仔细的统计和分析。图书馆就像是一个缩小版的社会，要将各个年龄段的人都安排好，才能避免人才的流失。人才的高度重合会造成资源的大量浪费。在学科情报服务中，外语能力十分重要，是了解世界各国发展状态的桥梁。因此馆员的外语能力也是重要考量因素。

3. 本馆发展前景

图书馆要认清自身的发展方向后再对人才需求进行准确的定位，因为馆员自身的发展潜力也是一把有力的武器，实现应聘馆员的心理预期与本馆发展前景的匹配，同时也尽可能多地招揽最合适的人才。

图书馆事业仍然需要专业人才的维护，建立行业准入机制是广大同行一直在致力发展的事情。各馆应根据自身情况制定合理的准入门槛，让具有优秀素质的人才得到合理利用。除了准入机制，进入该行业之后，良好的培训与发展机遇同样是吸引人才的法宝。

（二）馆员的培训机制

在美国，美国图书馆协会、图书馆学与信息学协会以及各州图书馆协会都十分重视图书馆馆员的培训工作，美国图书馆协会就是其中的一个例子，它制订了图书馆的继续培训课程，并在协会内建立了图书馆的继续学习资料交换网络，通过各种方式促使馆员继续学习。

德国认为应把馆员分为初级、中级、高级，并且每一个级次的馆员都要进行严格的岗前专业培训，经历2～3年的培训期，培训要求高水准、全方位，尤其高校图书馆要注重培养馆员与师生的交流能力，与学院的合作能力。

从国外这些成熟的馆员培训经验中可以看到馆员培训机制在图书馆馆员职业发展中的重要性。这是一种吸引优秀人才进入，同时培养杰出工作者的良性循环机制，应该在智慧图书馆建设中得到发展和弘扬。

1. 新馆员的培训机制

对新入职的馆员进行培训可以营造一个有利的工作氛围，给新馆员提供物质和精神上的安全保障，使新入职的馆员产生归属感，明确自己的角色定位，这对于其职业生涯的发展有重要的作用。

让我们来看看美国康奈尔大学图书馆的例子。

首先，新入馆人员将会获得一份包含新入馆人员训练课程的电子邮件，其中有对图书馆馆员信息平台、工作时间、图书馆馆藏分布，以及各个部门经营情况的说明。

其次，人事部门要与新入馆员工联系，确定管理人员是否已对新员工进行了计算机方面的训练。新来的员工将和人事部门的员工进行短暂的会面，接受公司的管理制度培训。

三个月之后，由人事总监统一组织新入馆人员的培训。若新入馆人员担任行政职务，则由人事部门根据其工作经历及级别进行考核，若有需要，可安排其进行新的行政人员训练及资格鉴定。

加利福尼亚大学的图书馆和康奈尔大学的图书馆相比，更注重引导新职员了解图书馆的文化，使其尽快融入集体。加利福尼亚大学图书馆新馆员的培训方式主要有组织目标明确的培训会议、与各主要部门的主要负责人进行面谈、制作新馆员入职一览表等。这个表格包括新馆员的信息、图书馆员工手册、图书馆员工指导、福利登记、交通路线等。在新员工入职后的第一天、第一周、第一个月，以及半年内，要不断地进行培训，争取让新员工适应公司的文化氛围。

在新馆员入馆的前两年试行职业导师培训模式，以期构建一种有利于图书馆经验传承，促使新馆员更快地提高工作能力的机制。在图书馆中富有经验并具备良好专业技能和管理技能的资深技术专家或管理者与新馆员之间建立支撑性培训关系，有利于隐性知识的传承，帮助培养新馆员的综合素质。在智慧图书馆中这种方式有利于导师与新馆员教学相长，互帮互助，实现人力资源的最大化利用。

2. 进阶馆员的培训机制

进阶馆员培训与学习的途径有很多，如专题学习、主题讨论等。

（1）专题学习

康奈尔大学图书馆为工作人员提供了丰富的学习机会，同时也为其职业生涯注入了新的活力。工作人员学历计划（EDP）、课外进修和费用补助等都对进阶馆员的成长起到了极大的促进作用。EDP 为进阶馆员提供了进入康奈尔大学攻读学士及硕士学位的途径，但进阶馆员必须与图书馆主管就他们所能修读的学位项目达成协议。课外进修可以提升进阶馆员的工作表现，促进其学业进修与自我成长。此外，图书馆设立研究经费资助专业人员开办专题讲座，以满足进阶馆员发展需要。除正规的训练及讲座外，图书馆学习基金会也会拨款给非正规及基本的进修计划，以激发进阶馆员的创意思维，并与他人共享。学习基金的申请有明确的要求而且会公平分配。

（2）主题讨论

康奈尔大学图书馆会不定时举办专题沙龙及年度图书馆馆员职业生涯发展周会。讲座内容涵盖图书馆资讯、工作心得、工作表现、学校政策、热点事件及法律裁决等。馆员工作经验分享可以很多，可以只分享一部分，也可以共享图书馆的政策资讯。

（三）馆员的发展机制

图书馆馆员的培养工作是根据学校的核心价值观及人才标准进行的，而图书馆根据自身的特点，为馆员制订相应的培养计划，并为馆员的专业发展创造条件。美国多所大学的图书馆从职业发展的视角出发，为馆员和管理者提供了一个学习的平台，通过这个平台，他们可以在工作和生活中获得更多的知识和能力。普林斯顿大学图书馆、康奈尔大学图书馆、加利福尼亚大学伯克利图书馆，都为馆员设置了管理者培训课程，帮助他们提升相关的管理技巧（见表 3-2-2）。例如，普林斯顿大学图书馆的相关管理人员专注于培养馆员的核心管理技巧，这些技巧包括反馈、交流、服务、演讲技巧，以及时间管理技巧。同时，康奈尔大学图书馆也会根据每个馆员的建议，制定适合不同个体的课程。加利福尼亚大学伯克利分校的图书馆开设了很多的管理培训课程，针对初级经理、中级经理、新人，以及中高层管理人员等进行了各种培训。伯克利分校倡导的领导力发展项目是一种激励组织成员参与的领导能力开发计划，它契合了目前伯克利分校倡导的“高业绩”的企业文化，而具有“高业绩”的员工才能促进企业的高效发展。

表 3-2-2　国外部分大学馆员发展计划表

图书馆名称	馆员发展计划	适用对象	内容简介
普林斯顿大学图书馆	学习解决方案	所有员工，偏重管理者	主要通过核心课程实现。课程内容基于员工所需要的技能开设，包括学习课程和管理发展认证课程（management development certificate program，MDCP）。MDCP 主要面向管理者、承担行政管理责任或者学术部门管理职责的人，提供结构化的、全面的学习体验，涉及有效管理所需的关键技能和能力
	员工援助计划	所有员工	旨在促进员工个人和专业的成长与发展。员工援助计划分为工作与生活研讨会、职工教育援助计划（学费减免）、儿童教育援助计划
康奈尔大学图书馆	领导力发展计划	管理者和院长推荐的员工等	旨在提高知识基础和管理技能的临时性任务轮流分配项目，也有为被推荐者提供的项目，包括“转折点”、领导力发展、团队建设与领导变革、促进技能发展以及“领导康奈尔”等，并设置了进阶式培训
	管理能力发展计划	管理者（主管、项目和团队领导等）	提供多方面帮助，如有效管理业务运营、开发工作程序、评估人力资源需求、管理冲突、支持目标导向的活动等。管理能力发展包括主管发展和管理课程两方面。其中主管发展要明确主管负责创建最佳的人力资源环境，展示主管的知识、技能和能力。主管发展包括新主管认证和主管发展认证两门认证课程，为主管提供工具以加深其对管理的整体认识、对政策和法律的理解等
	员工发展工作坊	所有员工	以工作坊与研讨会的形式开展交流对话、客户服务、办公技能、时间管理等方面的学习

续表

图书馆名称	馆员发展计划	适用对象	内容简介
加利福尼亚大学伯克利分校图书馆	管理者和主管发展计划	管理者和学校中高层管理者等	有关键因素项目、人才管理项目、管理技能评估项目、伯克利催化剂项目、加利福尼亚大学管理发展项目、领导力发展项目
	图书馆教师发展计划（IDP）	教师	旨在帮助图书馆教师提高教学技能。IDP 有两个目标：一个是鼓励分享和讨论。鼓励教师分享自己的想法以及教学实践和其他方面的知识，鼓励教师参加社区实践，与教学同事一起在线学习、相互支持，共同努力提高自己的教学水平。二是提高教师的形象和认可度
	人力资源专业发展计划（PDP）	人力资源部门的员工	PDP 有助于员工发展人力资源管理技能、知识和方法，并且强调人力资源专业人士要在各专业领域中不断加强伙伴关系，建立服务共享的环境以获得成功

图书馆馆员的培养和发展是一个系统工程，要从馆员的实际情况出发，结合图书馆的实际情况，制订相应的培养方案。在国内，大学图书馆可以建立馆员训练团队或者设置专业的培训部门。在职业计划的引导下，目标明确地给馆员进行专业的技能训练，让他们能够适应馆员的职业发展需求以及图书馆的发展需求（见表 3-2-3）。图书馆馆员可以按照工作时间长短判断他们所处的职业时期，并针对不同时期的特征及发展需要，制定有针对性的发展规划。

表 3-2-3　馆员职业生涯计划表

职业生涯阶段	开发措施	简介
职业生涯早期（入职 5 年内）	导师计划	甄选优秀馆员作为导师，进行职业辅导和咨询
	伙伴计划	配备小伙伴，解决馆员工作和生活中的难题，较快适应环境
	入岗动态化管理	轮岗，使馆员熟悉图书馆业务，发现自己最适合的岗位

续表

职业生涯阶段	开发措施	简介
职业生涯中期（入职 5~20 年）	全面培训计划	从正式学习和非正式学习两个方面促进馆员能力提升，满足馆员的自我实现需求
	个人发展计划	个性化的职业生涯规划，设立职业发展工具箱，帮助馆员选择科学的职业发展路径，加强馆员管理能力和学术能力的培养
	新兴领导计划	提升管理岗位馆员的管理技能和领导素质
职业生涯后期（入职 20 年以上）	参与计划	委以重任，使馆员参与到图书馆组织的管理中，为组织发展建言献策，进一步施展馆员才能
	教授计划	开拓馆员职业前景，使其担任“职业教授”，传授工作经验，开展与职业相关的培训
	关爱计划	为退休馆员开展健康服务，提供心理咨询，实现退休前后的平稳过渡

第四章　智慧图书馆的服务建设

本章的主要内容是智慧图书馆的服务建设，分别从三个方面进行相关论述，依次是智慧图书馆服务的理论知识、智慧图书馆知识服务的建设、智慧图书馆服务模式的建设。

第一节　智慧图书馆服务的理论知识

一、大数据时代的智慧图书馆服务理念

（一）人性化服务理念

伴随着信息技术的普及，各种专门数据库资源的日益充实，以及基于文献借阅一体化的开放服务模式的出现，如今，读者自主查阅文献材料的途径日益增多，而馆员当面向读者推介文献材料的情况在逐渐减少。因此，智慧图书馆必须确立以人为本的服务理念，建立人性化的服务系统。图书馆服务系统中的人性化服务体现在方方面面，其不仅影响着图书馆的服务方式，也充实着图书馆的服务内容，因此该服务理念对图书馆的发展是至关重要的。图书馆人性化服务理念主要强调将服务工作建立在尊重服务对象意愿的基础之上，要在充分了解服务对象的意愿之后开展后续的服务工作。只有这样图书馆才能保证其服务工作满足服务对象的需求，才能真正提高服务工作的效率。在社会快速发展的时代，人们的生活水平已经有了显著的提高，人们对生活的追求也不断提高，尤其是精神上的追求，因此，图书馆的服务工作保证人们的精神感受良好是非常重要的。现在图书馆在服务的过程中需要考虑的因素有很多，在利用人性化服务理念建设图书馆服务系统的过程中，不仅需要充分考虑这些因素的复杂性，更重要的是保证因此产生的问题可以被解决。人性化服务理念以服务对象为核心，在服务的过程中坚持服务模式的层次性，这是为了降低影响因素的复杂性，这是一种先进的服务理念，在图

书馆服务系统的建设过程中发挥着非常重要的作用。但需要强调的一点是，该理念在建设过程中虽然要以服务对象为核心，但要想精准了解服务对象的需求，就需要与服务对象进行沟通，但现在部分图书馆工作者并没有及时地与服务对象进行沟通，不仅没有探索到服务工作的深层次内涵，更重要的是没有尽到自己的工作职责，从而导致图书馆的服务质量下降，长此以往必然会影响人们对图书馆服务理念的正确认识。

1. 树立人性化服务理念的作用

现代社会越来越关注人类的精神与物质需要，而对于信息的需求则是人类本性的一种表现。从现实的角度来看，在一个特定的时间段里，读者的需要是有限度的。在读者层面，它体现在个人的自由与人权上；在社会层面，它体现在图书馆与读者的权利和责任上。权利是对读者要求的满足，而责任的设置是出于对权利主体的要求。因此，图书馆的人性化服务理念就是尊重读者、关心读者，与读者进行交流，营造一种亲密的、平等的、和谐的服务关系，使读者能够在被服务的过程中寻找到一种富有人文气息的精神归宿。

（1）人性化服务是图书馆永无止境的追求

图书馆的人性化服务是指社会进入飞速发展的阶段后，为实现图书馆的现代化深入发展而提出的一种全新的服务理念，它是为读者提供全方位、全流程、全天候、多元化服务的必然要求，也是图书馆人员在经营上不断改革和探索的方向。人性化服务理念坚持以爱为本、以人为本的服务准则，以更好地服务于读者。

（2）人性化服务让读者感到图书馆是“温馨的家”

读者是有文化的人，他们是感性与理性的结合体。图书馆为读者提供服务时，不仅要让读者意识到图书馆是一个查找文献和材料的地方，更应该让他们有家的感觉。图书馆需要从各个方面下功夫，要让图书馆的服务更符合读者的需求，让读者从心里接纳这个地方，让读者一走进图书馆就有一种亲切感和归属感。

（3）人性化服务是现代图书馆服务的标志

在当代图书馆工作中，人性化服务不能仅停留在一个简单的口号或表面功夫上，而应当成为图书馆工作的一个具体表现。人性化服务理念就是要让图书馆员工的积极性得到最大程度的激发，发掘员工自身的潜能，使员工时时为读者考虑，把读者放在第一位，这样才能实现他们的共同目的和价值追求。人文服务不应该是死板的条款，也不应该是单纯的照章办事，而应该有对应的情绪与行动。人性化服务以人为本，让读者可以不受限制地选择自己所需的材料，并为提出超出范围的种种要求的读者提供富有人文关怀的服务，切切实实为读者着想。

（4）人性化服务是满足读者对自由发展空间的需求

既然已经肯定了人性化服务理念的重要性，自然要在图书馆服务系统建设的过程中将该理念融合进去，并在充分理解的基础之上践行，这样才能保证将该理念的价值充分发挥出来。现代社会的发展程度比较高，市场对人才的需求量也随之上涨，但必须强调的一点是，当今社会对人才的需求已经发生了变化，现在社会需要的是高精尖创新型人才。因此，图书馆工作者既需要获取知识，也需要不断提高作为工作者的能力，保证自身多样化发展。在图书馆服务的过程中，工作者需要提升自己的服务技能水平，并且要保证建立的服务系统具备层次性，只有这样才能保证图书馆的人性化服务，满足不同层次服务对象的需求。不同的读者有不同的需求，这就说明读者之间的差异性是始终存在的，因此图书馆工作者需要利用专业知识素养来为读者构建较为完善的服务系统。但图书馆工作者在为读者提供服务的过程中，需要充分保证读者的自由，也就是为其提供更加自由宽松的发展空间，营造自由的环境不仅可以让读者坚持自己的个性发展，更重要的是让不同的读者都有属于自己的发展空间，从而更加享受图书馆的，保证自己对知识的获得有持久的动力。

2. 构建人性化服务体系的途径

人性化服务体系本身就是一个较为复杂的系统，工作人员不仅要具备较高的专业素养，还要用心，并且将这种用心体现在实践活动之中。虽然在工作过程中保证工作人员的工作素养很重要，但只有让服务体系建设得更加完善，保证其在建设的过程中不断创新，从而保证人性化服务的内涵可以更加有深度，其层次性可以满足不同服务对象的需求，这样才能真正体现该服务体系的现实价值，并且将这种价值不断延伸。

（1）营造人性化服务的氛围

图书馆的所有工作都要以读者的需求为核心，在服务过程中要把读者放在第一位，根据读者需求的变化实施不同的规划，将图书馆的各项服务职能进行集成，建立一个以服务为导向，对读者需求实时反馈的服务系统，并将人性化服务的思想融入图书馆工作的每个环节，让读者真正体验到图书馆的温暖，体验到在图书馆阅读的乐趣和成就感，而不是束缚感，让读者有放松舒适的感觉。

（2）打造舒适安静的读书环境

图书馆要给读者营造温馨宁静的读书氛围，包括室内灯光、室内温度、室内装修颜色、环境音、室内空气质量等，要符合人们的身心需求，让人感到舒服。在图书馆建设中，要凸显书香气息，追求典雅，追求宁静，使人的心灵得到净化。

在馆内布置上加入书画、雕塑、陶艺、壁饰、盆栽等多种艺术装饰，让整个空间的布置显得和谐。从人类审美的角度来看，通过色彩的搭配、形式的对比、层次的安排、风格的呼应、点缀的镶嵌，营造安静、优雅、轻松的整体氛围，让人感到亲近。让读者一进入开阔舒适、通透宽敞的读书环境，就有一种与书中人一样的感觉，同时体会到远离喧嚣、修身养性、投身书海的强大魅力，激发读者的阅读愿望。

（3）构建休闲区域

现在的读者在阅读过程中需要宽松自由的阅读环境，以便增加与其他读者交流的机会，这样不仅可以提升读者的交际能力，也能保证读者的学术能力不断提高。现在读者对图书馆的要求与过去有很大的区别，读者现在不仅需要一个提供知识的基地，还需要宽松的学术氛围，只有这样读者才能真正增进对图书馆的感情。很多读者反映在学术交流的过程中也需要一些自己的空间，那么图书馆就需要为读者开辟出一个小空间，保护读者的隐私，更重要的是在这个小空间中为读者配备相关的资源，这样才能满足读者的学习需求。在学习过程中构建宽松的学习环境是至关重要的，这样读者才能减轻自己的心理压力，从而保证自己有持久的学习动力。读者在图书馆长期阅读，必然会有一些疲劳，因此图书馆应该设置一些休闲区域，这样可以让读者在疲惫之余有一些休闲活动，从而保证读者的身心得到放松。

（4）设计人性化的标志标语

要建立人性化服务理念，除了要规范服务用语，还要在图书馆设立更具人文色彩的警告牌，如“请……”“建议……”“……罚款”之类的用语，让读者在感觉到亲切的同时，尊重图书馆的规定。在设计标志时，应该从便于阅读的角度出发，制作吸引人的区域标识牌、服务流程图、信息公告栏等，标识要有明确、直观、便于人理解的特点，并且要在重要的地方安装电子触屏，这样，读者就能通过路牌和触屏找到自己要去的地方。

（5）注重图书馆网的建设

现代图书馆作为一种网络化的产物，已经与互联网融为一体。作为一个巨大的网上信息资源库，较快的互联网搜索速度、较低的上网成本以及“傻瓜型”的文献检索方法，都极大地促进了读者对图书馆网站的利用。因此，图书馆网站的布局应该做到有组织、有顺序，网站颜色的关系和图表的对比不仅应该表现出图书馆的庄严，还应该表现出人文关怀，让人有一种亲切感。此外，还要加强网页的互动功能，增设网上解答问题等版块，以更好地反映图书馆关心和体贴读者的服务理念，让使用图书馆网站的读者在任何时间、任何地点都能感受到来自图书馆的关爱。在信息化时代，图书馆建设网站时要以为读者提供人性化服务为准则，让读者能够充分感受到互联网所带来的便捷的人性化服务。

(6) 提升图书馆的服务品质

图书馆的图书管理人员不仅要在言语上、态度上给予读者更多的关怀，还要注意提高自己的知识和文化素养，从而为读者提供多元化的服务内容。图书馆要鼓励员工持续“充电”，提高自身的知识文化水平和实践能力，以开放、主动、公益性的服务态度开展多种层次、多种形式的服务活动，真正把“读者至上，服务第一”的理念贯彻到实际工作当中，从而加深读者对图书馆的信任与依赖程度。要坚持“只有更好，没有最好”的服务理念，全体员工在工作中不断地学习、创新，与读者保持良好的关系，以达到更高的服务水平。另外，图书馆应该建立一个闭馆时期的自动归还处，尽可能地增加读者对图书馆的使用时长，保证充足的开放时间。

图书馆人性化服务不单单是一个简单的理论，包含的内容非常多，其不仅是图书馆服务发展的基础理论，也是图书馆未来的发展方向。坚持人性化服务不单单是为了保证图书馆服务系统建设得更加完善，更是为了保证读者可以受到更好的服务，从而提高图书馆的服务水平。社会的发展越来越快，图书馆的服务工作也越来越复杂，人性化服务理念的运用也会面临更多的困难，但无论如何图书馆都要精准掌握人性化服务理念的内涵，使图书馆的服务工作保持正确的发展方向，从而保证图书馆的服务工作越来越顺利。因此，图书馆坚持服务理念非常重要，这不是短期内就可以实现的事情，需要从长期来看，并且要从多角度来看，既能保证图书馆服务工作的深度，又能保证图书馆服务工作的广度，从本质上提升图书馆服务工作的质量。

（二）4S 服务理念

图书馆肩负着知识传承和发展的重任，但在新时代，人们对信息的要求越来越高，传统的图书馆服务已无法适应实际的需要，图书馆必须在内容和功能上做到更完善、更系统，打造准确的服务内容和多样化的服务战略，这就要求我们对其进行全方位的、详细的研究，只有这样才能使图书馆的服务与时俱进，不断地创新。而 4S 服务理念的推出，可以对图书馆服务的发展起到一定的指导作用。4S 服务理念能提高服务的精确性、系统性，通过全面的服务内容让用户满意，通过合理的服务战略来迎合用户的需要，所以一推出就受到了用户的欢迎。

1.4S 服务理念的内涵

4S 服务理念旨在为企业在市场上的产品与服务增加附加价值，运用在图书馆中可以提高图书馆服务的品质，从而更好地满足读者的需要。

4S 的服务思想以“服务”为中心，以提高用户满意度和提高工作效率为目标。以顾客满意、服务服务、速度和真诚四个方面为核心展开了 4S 服务概念。4S 的服务思想注重与客户的交流，以多样化的服务模式来适应不同使用者的需要。它所产生的高附加价值可以让使用者的满意程度得到提升，因此在实施层次上突破了人们的主观行为意愿，为使用者提供全面的服务。

4S 服务思想以满意度、服务、速度和诚意为中心，而图书馆的 4S 服务思想则是以客户的需要为基础，以 4S 为中心展开的。它是新时期图书馆发展的重点，我们需要提供有针对性的服务来适应不同的使用者需要，为图书馆的服务创新创造有利的环境。服务的导向和服务战略的建立是其实现的关键。

为此，必须引进 4S 式的服务思想，才能更好地发挥图书馆的作用。目前，图书馆的发展趋势是围绕以客户为中心的服务方式重新构建的。在新的时期，信息科技的发展速度非常之快，因此图书馆需要不断地提高服务质量来满足用户需求，以服务来赢得用户，以创新和发展来为人才提供信息源，这样才能够突出图书馆的地位，构建一条行之有效的发展途径，从而达到与读者共同发展的目的。

2. 基于 4S 服务理念的图书馆服务定位

（1）需求层面的个性化

4S 式的服务思想要根据客户的不同需求，为客户提供全方位的、系统性的服务。所以，在这种情况下，图书馆的业务方向应该按照以上的方式，对客户需求进行分类总结。通过这种方式实现服务水平的垂直扩展，以保证客户的需求与自己的发展结合起来，从而在保障个人收益的前提下，提升自己的服务质量。在科技迅猛发展的信息时代，用户不仅对信息的检索和利用提出了更高的要求，还要求图书馆对信息进行分类归纳，以适应用户的信息需要。用户非常关注不同学科信息的差别，所以，图书馆必须根据用户的需求，积极地对信息进行检索、收录和分类，以便为用户提供方便快捷的信息服务，适应用户的多样化需要。

（2）发展层面的现代化

在做决定时，要站在发展的角度，引进并运用 4S 式的服务思想，让图书馆与现代科技相融合，确保其功能得到提升，从而为读者提供更全面的服务。这样做不仅能保障硬件和软件的配置，同时还可以提升服务的一致性和关联的效率，确保服务的实际与便捷，这些都是 4S 服务观念下图书馆服务必须坚持的取向。

（3）沟通层面的互动化

以 4S 服务观念为基础，对用户的需求进行主动的发现和查找，并在服务层次上做到见微知著，这就要求馆员在交流时把自己放在一个合适的位置上，通过与用户的密切接触，确保服务的有效性，使交流的效率持续提高。馆员在工作的时候，对有价值的、学科领域先进的文献和资料要优先考虑，把不那么重要的、用户需求不高的资料放到后面。将用户的需求应用到图书馆的工作中，有秩序地供应信息服务，使之符合 4S 服务的宗旨。

（4）内容层面的专业化

4S 服务思想要求图书馆以优质的服务为出发点，最大限度地满足读者的需求，使读者满意，从而达到与读者共同发展的目的。这就要求图书管理员确保自身工作的专业性，为了更好地服务于读者，满足他们对各专业资料的要求，需要利用科技的力量，将更多的专业文献、资料及专著收集起来。在 4S 服务思想指导下，丰富服务内涵，为整个图书馆事业的发展带来新的活力，最终达到让读者满意的目的。

（三）嵌入式服务理念

当前，嵌入式服务理念在海外已被广泛应用于政府部门、研究机构、大学图书馆等。在国内，嵌入式服务、嵌入式图书管理员尚未得到足够的关注。网络环境下，传统的图书馆管理模式难以适应读者的需要，因此，在图书馆建设过程中，嵌入式服务逐渐引起人们的关注。然而，在学科服务与新兴学习模式下，图书馆必须将其与读者的情境相融合，以更直观地为读者提供学科服务，以及多样化的嵌入式服务。在图书馆开展嵌入式服务的管理与改革，可以为图书馆的建设提供保证。

1. 嵌入式服务理念的内涵

有的学者将嵌入式服务分为广义与狭义两大类。从广义的角度来看，嵌入式服务内涵非常广泛，包括服务、内外环境和各项技术等方面的嵌入应用。数据时代的来临使信息服务呈现透明化、无缝化与泛在化的发展趋势。而泛在服务能够有效地克服当前信息获取和定位困难等问题，让用户在任何时间、任何地点，对于任何文化内容都可以随时获取他们所需要的资料。从狭义角度来看，嵌入式服务是一种对于学科服务的延伸，是指嵌入式图书馆员为用户提供的服务。用户可以在嵌入式服务中获得自己需要的资料，而不用去现实中的图书馆，也不用在线下与图书管理员进行交流，节省了大量的时间和精力。在为用户提供服务时，传统图书馆与图书管理员的影响被弱化，嵌入式服务所带来的影响得以扩大。所以，嵌入式图书馆员在为用户提供嵌入式服务时，应注重用良好的服务态度给用户提供能满足其需要的资料内容。

以大学图书馆为例，最大的变量就是学生周围的环境。目前，大部分的数据资源都是在线的，不管是在家，还是在学校，或者是在外地，学生都能够通过先进的电子装置使用数字资源。即使在很远的地方，他们也能通过访问系统来获得这些资料，既便利又快速，这样他们就能少去几次实体图书馆，大大地节省了时间和精力。随着互联网的普及，人们对知识的需求与使用方式发生了显著的改变，人们对有用的知识的需求越来越大。在出现问题的时候，人们总是期望获得及时的援助，而非消极的、肤浅的引导。大学图书馆管理者要充分意识到时代发展对其提出的新的要求，认识到自身的危机，并以积极乐观的态度主动应对新形势。

图书馆的服务需要在一切读者可能存在的地方展开。在泛在学习的背景下，要把图书馆的嵌入式服务与读者的日常学习、生活和工作的情境相融合，打破时空的限制，给读者带来更加便捷的服务。为读者提供嵌入式服务，能够实现图书馆与读者的交互与交流。因此，提供嵌入式服务是图书馆系统中不可或缺的一环。在服务过程中，要继续完善嵌入式服务的内容和形式，让图书馆真正与读者共同成长。在开展嵌入服务的时候，不仅要将知识信息传递出去，还要积极举办专家交流、场景模拟和协作创作等相关活动，并且要在服务中防止广告渗透现象的出现，使所有读者都能够轻松地享受到图书馆的优质服务。

2. 图书馆嵌入式服务体系在高校图书馆中的应用

（1）嵌入式的学术研究

学科图书管理员不仅应该在图书馆内，还应该主动地到图书馆外与科学研究小组进行合作，并与科学研究小组保持密切的联系，以达到掌握学术发展趋势的目的，为读者的科学研究结果提供关键的理论基础。在研究的全过程中，要将“嵌入”理论落实到实践中来。在研究的初期，要做好数据的搜集、筛选等工作。在研究工作中，图书管理员负责对研究数据进行补充，并进行出版和评估。嵌入式服务应当贯穿项目的预研、成果发表和评奖等各个阶段，为科研活动带来积极影响。

（2）嵌入式的信息素养教育——学生群体

就学生来说，特别是刚入学的本科生、硕士生，可以在新学期开始时，有目的地对其开展入门教学，并将嵌入式教育植入公开课中，提高他们的获取资料的能力。让新同学进入馆内参观学习，一方面是为了让学生更快地熟悉图书馆的各项资源与服务，另一方面也是为了让学生能够更快地利用图书馆的各种资料进行学习。除了要引导同学到图书馆之外，还要在微博、博客等知名平台上进行多种形式的推广。在进行嵌入式服务的过程中，应采取图书馆人员与公共课老师共同参与的形式，使学生的信息素质在入学前期得到进一步提高。另外，还需要为了本科二年级和三年级的学生以及二年级的研究生开设嵌入式专业课。相比于一年级进行的嵌入课程，这样的嵌入方式更有深度，所以，老师的教学任务也相应地增多，责任也更加重大。要让图书馆人员和老师进行合作，让他们共同担负起教育的重任。这就要求图书馆员与老师进行良好的交流，采用多种形式的教学方法，密切合作，将其整合到学生的课程之中。大四学生和三年级研究生都有相对明确的目标，因此可以采取图书馆员与专业教师协作的方式，引导学生进行科研工作。

（3）嵌入式的信息素养教育——教师群体

总体来看，教师的整体素质较高，但并非所有的老师都具备较高的信息素质。图书馆工作人员在工作过程中，对教师开展嵌入式信息教育，对于教师的教育与研究具有重要的指导意义。然而，很多老师肩负着不同的工作，因此，图书馆工作人员在对教师进行嵌入式信息教育时，应该采取适当的方法。图书馆工作人员需要对学院各类科学研究小组进行全面的调查，并由科学研究小组挑选教师进行专门培训。对教师进行嵌入式信息素质教育具有重要的现实意义，但在实施过程中仍面临着诸多难题，应结合各学校的特点，采取多种形式。

为了满足学生和教师的教学和研究需求，大学图书馆需要提供嵌入式的服务，并使其与教师、学生的专业知识密切结合。然而，作为一种新型服务方式，嵌入式服务难免有不完善的地方，因此，大学图书馆在提供服务的同时，仍需对其进行进一步的完善，以更好地为教师和学生服务，间接提高大学的学术科研水平。

我们具体分析图书馆服务的整体性，主要可以从以下三个方面来讨论。第一，图书馆服务的结构是完整的，其结构的完整不仅体现在内部，在外部也有所体现。第二，图书馆服务必须在客观规律的指导下开展相关的活动，也可以说需要在坚持原则的基础上开展服务活动。图书馆服务也需要知识传授、能力培养和价值观培育的部分，只有这样才能让图书馆服务充分发挥作用。第三，既然图书馆服务有其内在的功能，在发展的过程中就要注意其服务的有效性，这样才能保证教学目标的顺利达成。但是在传统的图书馆服务的过程中，很多工作人员没有正确认识其中的整体性。因此，后续的工作过程中需要融合嵌入式服务理念，这样不仅在工作的过程中融入了科学概念，更重要的是保证并提高了对读者的服务质量。虽然现在对该理念的使用已经得到了普遍的认可，但仍然需要强调的一点是，该理念在发展的过程中仍旧存在不完善的地方，也就是说在使用该理念的过程中必须对其进行完善，并且要在完善的过程中及时地汲取其他理念的精华，从而保证服务理念的多样性，促进图书馆服务的长远发展。

二、“互联网 +”环境下的图书馆服务体系建设

在“互联网 +”思想飞速发展和传播的大背景下，我国部分图书馆已经把这种思想运用于实际工作中。

“互联网 +”的实质就是不同领域的交叉与合作，而要达到这一目的，就必须对其整体的服务系统进行彻底的改革。当前，我国图书馆在这方面的工作已经取得了一些成绩，但是总体来说，还缺少一种综合性的、系统性的革新。为此，图书馆可以从优化组织结构、推进资源融合、促使用户参与出发，进行服务体系的改革。

（一）优化组织结构

提升图书馆的开放性，加强图书馆生态系统中各个成员之间的联系，理解和尊重人类的需求，实现与其他产业的交叉与整合，都离不开灵活的组织方式。图书馆管理人员必须改变传统的组织方式，对其进行优化，使其具有灵活性和开放性，以适应协同创新的需要。图书馆可以引入国外图书馆的组织方式，以便为多个领域的协作提供制度基础。同时，图书馆还可以为用户构建一个学习社群，为他们提供沟通的空间，同时也要主动创造一个开放的、有创造性的学习和研究环境，让他们能够持续地提升自己的能力。在工作岗位方面，要增设数据挖掘、数据分析与可视化、网络应用等新岗位，加大对科技人员的招募力度，为图书馆的改革发展提供技术基础。

（二）推进资源融合

不同学科间的交叉合作和不同领域的协同创新都离不开资源整合。图书馆要重视对信息资源（尤其是数据资源）的开放、共享、集成和利用。为了使书籍、文献、数据资料以及使用者的动态得到及时的更新，图书馆的信息系统必须健全。以此为平台，全面公开数据库，构建多元的信息资源共享与协同机制。通过使用云计算等新兴技术，实现与信息资源提供者、搜索引擎服务商以及其他文化组织

之间的资源协作和信息集成，让资源更易于被发掘和使用。同时还可以通过对用户的行为数据进行深入的挖掘与分析，开发出更有个性和针对性的服务。在进行信息共享时，应对使用者的信息进行加密处理，以保障使用者的信息安全。

（三）促使用户参与

尊重人性，即用户思维所表达的人本精神。这就需要图书馆在进行服务时，真正将用户的需要放在第一位，建立起以用户需要为中心的全新的服务模式。要达到这个目的，一方面图书馆要在网络上扩展自己的网络应用和服务手段，推动各种资源、各种服务的网络化，并主动进行市场宣传；另一方面图书馆也要重视用户的参与性，让图书馆工作人员更深刻地理解用户的需要，进而推动用户和图书馆良性互动关系的发展，使图书馆的服务充满朝气。可以通过以下几个方面来提高用户的参与度。第一，通过对服务方案进行创新，给广大用户带来更好的体验，并根据用户的真实反馈对服务进行改善；第二，提倡开放式的服务方式，引导社会大众积极加入图书馆信息资源的构建，让用户的主观创造力得到最大限度的激发。

三、数据赋能的图书馆智慧阅读推广服务

（一）数据赋能的内涵

数据赋能是指利用数据分析和智能技术，将数据转化为有价值的信息和知识，从而提升组织的决策能力和业务效果。数据赋能可以帮助组织更好地了解市场需求，优化业务流程，提高工作效率和工作质量。在图书馆智慧阅读推广服务中利用现代化技术可以帮助工作人员更好地了解读者的阅读习惯，进而为读者推荐更符合其需求的图书。此外，数据赋能还可以帮助图书馆工作人员进行资源管理和优化。通过对图书馆的藏书情况、借还记录、流通情况等数据进行分析，图书馆工作人员可以了解图书的使用情况和流通状况，从而优化图书采购计划和排架策略，提高资源利用率和服务质量。数据赋能还可以帮助图书馆工作人员更好地与读者进行互动和沟通。通过分析读者的反馈信息和意见，图书馆工作人员可以了解读者对图书馆服务的满意度和需求，及时调整和改进服务，提高读者的体验感和忠诚度。

总之，数据赋能在图书馆智慧阅读推广服务中发挥着重要作用，可以将数据转化为有价值的信息和知识，提升图书馆阅读推广服务的效果和质量。

（二）阅读推广服务的概念

阅读推广服务是指通过各种方式和渠道，向大众宣传和推广阅读的重要性和益处，以提高人们的阅读兴趣，培养人们的阅读习惯。阅读推广服务的方式丰富多样，主要包括以下几种。

第一，图书馆可以组织各种阅读活动，如图书分享会、作家讲座、阅读比赛等，吸引读者参与活动并提高他们的阅读兴趣。

第二，学校可以制订阅读计划，鼓励学生每天抽出一定的时间阅读，并组织相关活动，如读书报告会、阅读竞赛等，以培养学生的阅读习惯。

第三，社区可以组建阅读俱乐部、读书会等，为居民们提供阅读场所，让他们聚在一起分享阅读体验，提高他们的阅读兴趣。

第四，建立在线阅读平台，为读者推荐各种电子书和有趣的阅读内容，吸引更多人使用电子设备阅读。

第五，举办阅读推广活动，如阅读节、阅读展览等，吸引大众参与活动并了解阅读的重要性。

第六，通过电视、广播、报纸等媒体宣传阅读的好处和重要性，提高公众对阅读的认识和兴趣。

第七，在微博、微信公众号等社交媒体上发布有关阅读的内容，吸引更多人进行阅读。

以上阅读推广服务可以提高人们的阅读兴趣，培养人们的阅读习惯，促进阅读文化的传承和发展。

（三）智慧阅读推广服务的特点

1. 强调选择性阅读

智慧阅读推广服务鼓励读者进行选择性阅读，即根据自身兴趣和需求选择适合自己的阅读材料，这样可以提高阅读的效果和效率。

2. 注重批判性思维

智慧阅读推广服务注重培养读者的批判性思维，引导读者在阅读过程中对所读内容进行思考、分析和评价，以加深阅读的深度。

3. 引导多元化阅读

智慧阅读推广服务鼓励读者进行多元化阅读，即阅读不同领域和类型的书籍，如文学、科学、历史、哲学等学科的书籍，以拓宽读者的视野，丰富读者的知识。

4. 倡导互动阅读

智慧阅读推广服务鼓励读者进行互动阅读，即在阅读过程中与他人进行讨论、交流和分享，增加阅读的乐趣。

5. 结合科技手段

智慧阅读推广服务借助科技手段，如电子书、阅读软件等，为读者提供更便捷和多样化的阅读方式，提供更实际的个性化需求。

6. 强调长期效益

智慧阅读推广服务的长期效益，即通过阅读提升人的思维能力、知识储备和情感体验，进而提高人的综合素质和生活品质。通过智慧阅读推广，图书馆可以引导读者进行更加有效的阅读，提升读者的阅读质量和效果，培养读者的阅读能力和兴趣。

（四）图书馆智慧阅读推广服务面临的挑战

1. 全媒体阅读时代下阅读载体的变化

全媒体阅读时代下，图书馆智慧阅读推广服务面临着阅读载体变化的挑战。传统的纸质图书在数字化时代逐渐被电子书所取代，这对图书馆智慧阅读推广服务提出了新的要求。数字化背景下，读者可以通过网络阅读平台、移动设备等进行阅读，图书馆需要适应这种阅读方式的变化，并利用网络为读者提供相应的服务和资源。与此同时，图书馆需要建立完善的数字资源管理、存储和获取体系，以满足读者的阅读需求。由于纸质图书与电子书在阅读体验方面存在差异，因此图书馆工作人员要关注读者的阅读体验，为他们提供相应的技术支持和服务，以提高阅读的舒适度和便利性。图书馆智慧阅读推广服务需要根据阅读载体和读者需求调整阅读推广策略。例如，图书馆可以为读者推荐适合在线阅读的资源，并提供在线阅读指导，引导读者更好地利用网络渠道进行阅读。在数字阅读时代，读者需要具备一定的数字素养，以便更好地利用新兴载体进行阅读。图书馆可以通过培训等活动为读者进行数字阅读提供指导，帮助读者提升数字素养，更好地应对阅读载体变化带来的挑战。

2. 数字阅读背景下阅读内容有待优化

图书馆智慧阅读推广服务需要为读者提供多样化的阅读内容，以满足读者的需求，但是目前的智慧阅读推广服务存在阅读内容单一、重复和保守的问题。为了提高服务质量，图书馆可以利用大数据技术分析读者的阅读偏好，不断更新和扩展图书馆的阅读资源，为读者提供更加多样化和个性化的阅读内容。随着信息时代的发展，网络上的信息呈爆炸式增长，图书馆面临着信息筛选的难题。大数据技术可以帮助图书馆工作人员收集和分析读者的阅读数据和反馈信息，了解读者需求，从而进行内容筛选，为读者提供可靠且有价值的阅读资源。此外，图书馆还要积极打造数字图书馆、在线阅读平台等，为读者阅读提供便利，以吸引和留住读者。

（五）图书馆智慧阅读推广服务的发展思路

1. 推动媒体融合发展

为了促进媒体融合并拓宽阅读推广渠道，数据赋能的图书馆智慧阅读推广服务要采取相应的措施。第一，与各媒体机构建立合作伙伴关系，如电视台、广播台、报社、杂志社等，共同推进图书馆智慧阅读推广服务的发展。媒体可以通过宣传报道、专题访谈等方式，提高公众对图书馆智慧阅读推广服务的认知度和兴趣。第二，创新推广方式，利用新媒体平台进行推广，如打造图书馆官方网站、开通微信公众号、微博账号等。在这些平台上发布图书馆的活动信息、图书推荐、读者故事等内容，吸引更多读者主动阅读。同时，可以利用社交媒体传播范围广的特点，鼓励读者分享自己的阅读书目和阅读体验，扩大阅读推广服务的影响力。第三，举办阅读推广活动，如阅读分享会、作家讲座等，吸引读者参与并宣传图书馆的智慧阅读推广服务。图书馆可以在活动中邀请知名作家、学者等嘉宾，以吸引更多读者关注和参与。第四，充分利用大数据技术，通过对读者的阅读行为和偏好进行分析，了解读者的需求和兴趣，为制订阅读推广活动的方案提供支持。此外，图书馆还可以根据分析的结果为读者提供个性化的推荐服务，提升阅读推广的效果。如此一来，数据赋能的图书馆智慧阅读推广服务可以促进媒体融合，拓宽推广渠道，提高公众对图书馆智慧阅读服务的认知度和参与度。

2. 落实平台建设

图书馆可以建设数字化平台，整合电子图书、期刊、报纸等数字化资源，以便读者可以随时随地进行阅读。为了丰富自身的馆藏资源，图书馆可以尝试与其他图书馆合作，建立共享阅读平台，整合各个图书馆的图书资源供读者借阅，在丰富读者阅读选择的同时提高图书资源的利用率。图书馆要为读者提供个性化服务，图书馆可以通过分析读者的借阅记录了解读者的阅读需求，为读者提供个性化的图书推荐服务。这样可以提高读者的阅读满意度，增加读者的黏性。例如，图书馆可以利用自然语言处理技术对图书进行分类，提高图书的检索效率；利用机器学习算法分析读者的阅读行为，为读者提供个性化的推荐服务。

为了提高读者的阅读兴趣，图书馆可以在线上平台举办各种阅读活动，如线上读书会、线上讲座等，吸引读者参与，扩大图书馆的影响力。在活动中，图书馆可以为读者的阅读提供指导，教授读者如何高效阅读、如何检索和利用图书馆的资源等，提高读者的阅读能力和阅读兴趣，提高图书馆资源的利用率。图书馆还可以建立读者社群，让读者之间相互交流，分享阅读心得，相互推荐图书。

3. 针对读者需求深入探索阅读服务的方式

图书馆可以通过问卷调查、座谈会等方式对读者需求进行调研，了解读者的阅读需求和偏好。调查内容应该包括读者感兴趣的图书主题、阅读习惯、阅读目的等。图书馆要认真分析调查结果，并以此为依据及时改进服务，有针对性地为读者提供服务。在此过程中，图书馆可以利用智能推荐系统为读者推荐个性化内容，如读者感兴趣的图书、期刊、报纸等资源，帮助读者更快地找到自己所需的内容。

此外，图书馆还可以定期举办各种阅读活动和讲座，并邀请专家参加活动和讲座。这一方面可以发挥名人效应，吸引更多人参加活动，另一方面可以满足读者对知识的需求。在活动中，通过读者间的互动和交流，以及图书馆工作人员和读者的沟通，读者的阅读能力将得到有效提升。

随着数字化时代的到来，图书馆还可以提供数字阅读服务，为读者提供电子书、电子期刊、在线数据库等数字资源，方便读者随时随地获取所需的资料，提高阅读的便捷性和灵活性。

4. 创新阅读推广途径

图书馆可以在微信、微博、抖音等社交平台上开通官方账号，定期发布图书推荐、阅读推广活动等信息，吸引读者关注和参与；或者利用网络直播平台和视频会议工具举办线上读书分享会、作家讲座等活动，吸引读者参与并提高其阅读兴趣。

除了传统的图书展览和阅读推广活动，图书馆还可以尝试推出一些具有创新性的阅读推广活动，如阅读驿站、阅读咖啡馆等，为读者提供更加开放、舒适的阅读环境。图书馆还可以开发移动应用程序，为读者提供在线借阅、图书推荐、书评分享等服务，方便读者随时随地进行阅读和交流。图书馆工作人员要定期将馆藏数字资源进行整理，如电子书、在线期刊等，为读者提供更多的阅读选择。同时，图书馆还要对工作人员进行培训，提高他们的专业素养和服务能力，以便为读者提供更好的阅读服务。

综上所述，随着信息技术的快速发展，图书馆的角色定位也在不断变化。在新时代背景下，图书馆不仅是为人们提供图书借阅服务的场所，还承担着提高人们阅读兴趣，建设书香社会的重任。数据赋能的图书馆智慧阅读推广服务可以帮助图书馆实现这一目标。在大数据技术的支持下，图书馆可以进一步了解读者的需求和阅读偏好，为读者提供更加个性化、精准的阅读推荐服务。同时，图书馆还可以与其他机构和平台进行数据共享和合作，实现资源共享和互联互通，为读者提供更加丰富多样的阅读体验和服务。

第二节　智慧图书馆知识服务的建设

一、智慧图书馆知识服务的建设目标

智慧图书馆知识服务建设的最终目标是提高智慧图书馆知识服务的能力和水平，满足用户日益丰富的多样化、个性化需求。具体来说，智慧图书馆知识服务建设是利用物联网技术实现资源的数据化，应用元数据收割建立数据仓库；在数据互联的基础上进行大数据的存储与计算，形成第一手的可靠信息资源；在信息采集的基础上对资源进行重组，通过资源再造建立知识库体系，实现信息的知识化；在情境感知的基础上构建精准化服务平台，提供个性化的知识服务产品，实现知识的智慧化，并最终利用大数据分析工具进行机器学习，挖掘用户偏好，为其推荐个性化知识产品，实现精准化服务。

二、智慧图书馆知识服务的建设原则

智慧图书馆知识服务的受众是用户，以用户的需求为导向是图书馆知识服务的根本原则，因此一切知识服务活动都应该围绕提高用户的满意度和改善其感知体验进行，这也是提高智慧图书馆知识服务延伸质量的关键。具体应遵循以下设计原则。

（一）用户需求导向原则

这是智慧图书馆知识服务建设的根本原则。用户是智慧图书馆知识服务的受体（或对象），是智慧图书馆知识服务的接受者、体验者和评价者，是智慧图书馆开展知识服务活动的内在动力来源。所谓用户需求导向原则就是要以用户为中

心，想用户之所想，挖掘其需求，竭尽所能解决用户的现实问题，此外还应该充分激发用户的能动性，促使其参与到智慧图书馆知识服务中来，配合图书馆资源情境建构与服务平台的推广应用，对服务绩效进行反馈与改良。总之，知识服务建设一定要调动用户对智慧图书馆知识服务参与的主动性和积极性，激发用户的持续使用意愿。

（二）包容性原则

智慧图书馆知识服务是新兴事物，在服务流程实现标准化以前出现这样或那样的问题都是难免的，因此需要各方保持一种包容的态度，允许出现服务不完善甚至错误，只要是出于对用户知识服务负责的目的，抱着解决问题的态度，任何的错误都是可以被谅解和消除的。

（三）互联情境的易用性原则

智慧图书馆知识服务所依赖的技术情境也是不断发展的，用户对智慧图书馆知识服务平台的利用不再局限于一家图书馆或一个平台等物理空间，而是实现了突破时空限制的泛在层面的利用，用户期待智慧图书馆知识服务能更人性化和便捷化，突破时间、地域空间、物理设备支持的局限，可以随时随地实现跨平台与多情境的信息资源共享、协同创造与开发，因此智慧图书馆知识服务应努力提高互联情境的易用性。

三、基于心智模式的智慧图书馆知识服务框架

（一）心智、心智模式、共同心智模式的概念

1. 心智

心智是人们对已知事物的沉淀和储存，是通过生物反应而获得动因的能力总和。简单来说就是将知识、社会和他人的经验转化成个体智慧的能力。有关专家指出，虽然每个人都拥有心智，但其心智存在着很大的差异，有的强，有的弱，这些差异也直接导致了每个人人生轨迹的不同。

2. 心智模式

心智模式最早是在 1943 年由苏格兰心理学家肯尼恩・克瑞克提出的。他将心智模式理解为当人的大脑在看到外界事物后，外界事物在人的大脑中的一种反馈，或称为“重组”。人类运用自身的心智模式观察世界、认知世界、理解世界。

人类在日常生活中大部分时间都在与外界事物进行长期重复性的互动，通过心智模式在大脑中对外界事物进行重组，有利于人类更快地做出反应，更好地适应外界环境。

3. 共同心智模式

在一个队伍中，每个人都拥有自己的心智，所以每个人对同一事物的看法也各有不同，一个队伍需要使成员的心智达成一致以便更高效地工作。共同心智模式是指在团队中每个成员都拥有自己的心智，为了更好地工作和完成任务，力求所有成员的知识结构达成统一，每个成员都应进行自我调整以便在工作中与其他成员达成默契，使团队作业能够更好、更高效地完成。共同心智模式概念的提出有助于理解和解释为什么不同的团队在完成同样的任务时有着不同的质量和效率。

如图 4-2-1 所示，是基于共同心智模式的智慧图书馆知识服务框架。

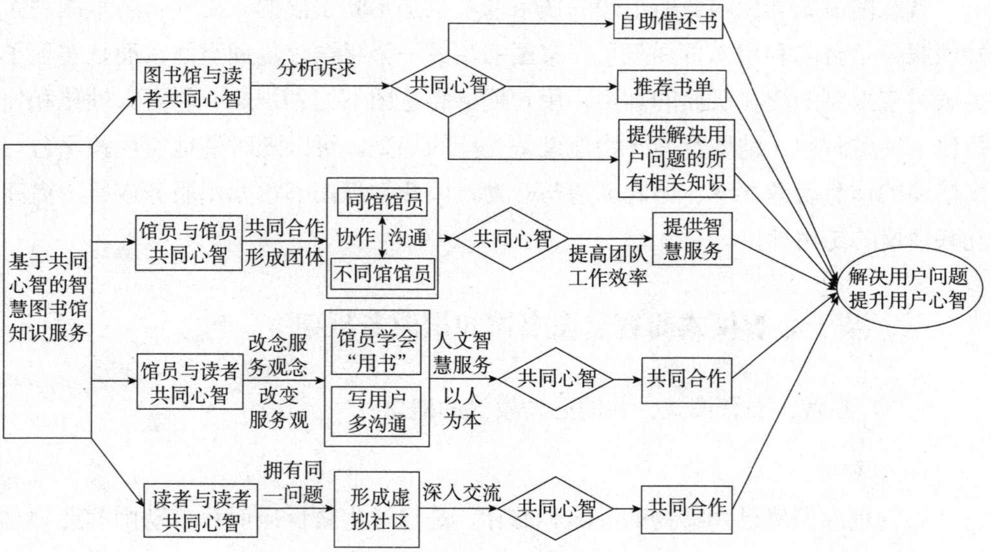

图 4-2-1　基于共同心智模式的智慧图书馆知识服务框架

（二）图书馆与读者之间的共同心智

当读者来到图书馆使用计算机查阅资料的时候，图书馆就会利用智能技术提取到该读者所查阅资料的历史记录，通过历史记录分析读者的查阅习惯、喜好、擅长的领域等，做到与读者达成共同心智。达成共同心智后，图书馆就会根据每个读者的情况为读者提供不同的个性化智慧服务。

例如，读者为了寻求某种知识（这种知识需要某种知识的铺垫才能完全了解，而读者自己不知道）来到了图书馆，当图书馆捕捉到读者查询这一知识时，就应当做出适时的反应，罗列出了解该知识所需的一切资料，包括知识铺垫的资料。这样一来，当读者查询时就会很清楚自己该做什么，该从哪一方面入手，这种做法无疑方便了读者，也会让读者感到图书馆智慧服务的好处。

再如，读者只是来图书馆进行简单的借还书服务，图书馆应该在其每个楼层设立多个自助借还书系统，就像现在我国的火车站所设立的自助取票系统一样，完全做到自动化，使读者方便、高效率地完成借还书操作。与此同时，应该在自助借还书系统显示屏上详细记载读者的借还书记录，并根据读者借书的记录分析出读者的喜好或擅长的领域，通过智能技术为读者推荐其感兴趣领域的一些其他书目。

（三）馆员与馆员之间的共同心智

一个图书馆内的所有馆员可以被看成一个团体，这个团体是为了图书馆蓬勃发展而存在的。我国有很多图书馆，但是每个图书馆服务的质量和态度都不一样，大城市图书馆的服务质量和态度未必会好于小城市。造成这种状况并不全是因为资金、技术匮乏，最主要的应该是馆员的问题，如果可以将馆员队伍的心智达成一致，那么他们工作起来必然会更有效率，图书馆的发展自然也会更快。图书馆内有很多部门，如流通、采编、参考咨询等，这会导致每个馆员被分配的工作都不一样，但是不能因为工作性质的不同就缺少彼此的交流，在工作中，无论哪个部门的馆员都应该勤沟通，交流彼此的知识和工作经验，尤其是同一个部门下的馆员更应该做到这一点。因为只有这样，馆员之间才能产生互动，才有可能达到共同心智，一旦馆员队伍达成了共同心智，工作效率就会大幅地提升，遇到突发状况时也会一起从容应对。当馆员队伍达成共同心智后，在他们工作时可以看到一种心领神会的默契，馆员之间往往只要一个眼神就会理解对方的意思。馆员之所以能够在烦琐模糊的环境下高效率地完成工作，一个很重要的原因是馆员在这种环境下完成工作或解决问题的方法、思路都是基本一致的。此外，各个图书馆之间应该打破以往保守的传统，让各个馆的馆员有机会接触并进行沟通，吸取对方的经验并达成共同心智，这对图书馆的发展是有百利而无一害的。最后，条件允许的话应该让全国乃至全世界的图书馆馆员都有机会进行交流，从而开阔馆员的视野，提升馆员的知识储备和经验，当为读者提供服务时，毫无保留地将自己所知道的知识提供给读者，让读者通过馆员的服务提升其心智，从而实现智慧图书馆知识服务的初衷。

（四）馆员与读者之间的共同心智

读者是图书馆的灵魂，图书馆本身就是一个为人民服务的机构。试问一个没有读者愿意去访问的图书馆，它的存在又有什么意义呢？当代图书馆的大楼建得越来越高，越来越现代化，资料和信息越来越丰富，但是读者数量却没有因此而增多，这就表明读者在乎的并不是这些表面上的东西，而是其本质的东西，即人文智慧服务。虽然图书馆现在利用智能技术可以提供很多便捷服务，但是有些东西是不能通过机器传递给读者的，如人生阅历、经验。

要使馆员与读者之间达成共同心智，最重要的就是改变馆员的传统服务观念，即被动服务观念：馆员的最主要任务就是将文献资源介绍给需要它的人，起到中介的作用。以前这种被动的服务观念会使馆员产生些许消极心态，馆员往往将自己的能力限定在图书的上下架、借还以及编目索引等简单的工作，认为自己得不到社会的认可，在外人看来自己只是一个普通的图书管理员。但是当我们换一种角度，当馆员为读者介绍和推荐文献资源时，馆员无疑为知识和智慧的普及做出了不小的贡献，从而推动了社会的发展。至此，图书馆员就不再是简单的图书管理员，而是利用自身的智慧将文献资源所含的有用信息最大限度地传播到社会的各个角落，即图书馆员是智慧的传播者，是社会与智慧的桥梁，只有这样，图书馆的服务及馆员自身的价值才能获得社会的认同。

在改变自身服务观念的同时，馆员还应该注重以下两点。

其一，馆员在工作中，在“管书”的同时还要学会“用书”，通过阅读大量的资料来了解社会发展的动态，增加自己的知识储备和智慧，提升自身的心智水平。

其二，当读者来到图书馆后，馆员应该摒弃以前的被动服务方式，主动找读者询问其是否需要帮助，通过自己的智慧为读者服务，争取与读者达成共同心智，真正了解读者的需求并提供合理高效的智慧服务，读者绝大多数情况下会欣然接受帮助。这种做法会让读者觉得很温馨，来到了图书馆就像回到了自己的家一样，读者也会很欣赏图书馆的这种做法，自然也就愿意来图书馆。由此可见，图书馆只有注重人文智慧才能吸引更多的读者。

（五）读者与读者之间的共同心智

当读者来到智慧图书馆并向图书馆馆员提出某种诉求时，馆员会将这种诉求和其他读者的诉求相匹配，如果有一样的内容，馆员会主动介绍给读者。这样就形成了一个拥有相同诉求的小群体，形成了一个虚拟社区。在这个虚拟社区中，读者可以共同合作与学习，争取解决自己的问题。在解决问题的过程中，通过彼此的深入沟通和交流，会自然地得到对方的隐性知识从而提升自己的心智，进而达成共同心智，更高效地解决问题。同时，各个社区之间也可以相互联系，分享彼此的知识和经验，共同合作，共同进步。

第三节　智慧图书馆服务模式的建设

一、智慧图书馆的移动服务模式建设

（一）移动图书馆的概念

移动图书馆是指在数字图书馆的基础上搭建信息集成系统，通过互联网，用户可以使用自己的移动设备获取图书馆系统内的各种信息和资讯。与数字图书馆相比，移动图书馆给用户带来更便利的体验，用户的阅读不再受时间、地域限制，通过手机就能阅读。

我国建设的移动图书馆提供的主流服务是推送各种移动信息，利用移动客户端、网站和短信等平台发送信息，信息的主要内容有借阅超时提醒、讲座预定、个人信息查询、书目检索、资料下载、图书馆活动通知、书目检索记录、预订及续借申请。

然而，目前国内的移动图书馆发展还存在一定的缺陷，大多数用户并不习惯使用移动图书馆获取移动信息。

第一点，当前移动图书馆所能提供的服务内容主要是信息检索、信息告知等，不能满足大部分用户的需求。

第二点，移动图书馆甚至没有完善传统图书馆所具备的最基本的借阅功能，仍需要付出努力继续完善移动图书馆的各种基本功能，规划出移动图书馆的长远的发展方向。

第三点，没能将移动图书馆的各种资源与数字图书馆的资源有效衔接和整合。

第四点，在建设移动图书馆时没有统一的标准，建设的移动图书馆平台良莠不齐。

随着科技的发展，电子产品更新换代速度加快，智能手机的功能越来越多样化。如今，人们的衣食住行都离不开手机，智能手机与网络的发展为人们的日常生活带来了极大的便利，同时也改变了人们获取信息的方式，使人们可以更快速、更便捷地获取各种各样的信息。此外，移动电子设备也改变了人们交流沟通的方式，人们不再依赖传统的纸质媒介和电波媒介传递信息、进行交流，人们开始习惯于使用手机阅读书籍。手机阅读具有多种优点，比起纸质书，手机更加便携，并且可以随时随地阅读，地铁上、公交上、排队等待时都可以拿出手机阅读。因此移动阅读具有无限的发展潜力，更符合现代人的阅读习惯。

国内的 TD-LTE、TD-LTE-Advanced 通信技术极大地提高了互联网的网速，堪称一次网络革命，我国通信技术的变革带动了移动互联网的发展，为移动阅读带来了机遇，受现代人快节奏生活习惯的影响，网络移动阅读终将成为主流，移动图书馆建设必将迎来前所未有的发展机遇。

（二）图书馆智慧化的移动服务

图书馆智慧化的移动服务为高校图书馆的建设提供了保障。高校图书馆可以搭建一个公共学习平台，将每个专业、每个学科精品课程的视频上传到公共平台，高校的教师和学生可以使用手机登录公共平台获取视频教育资源，这极大地方便了学生学习，学生可以使用手机在移动图书馆观看自己感兴趣的课程视频，有利于学生吸收融合各个领域和各个专业的知识，最终成为综合型人才。高校图书馆可以将重点放在社会型人才的技术训练上，充分发挥专家的优势，精挑细选出优质的课程视频。高校图书馆应充分发挥自身优势，构建全方位立体化的视频教学服务平台。

社交网络是一种由用户通过社会性网络构建的网络应用服务，简称 NSN，目前社交网络已在全世界广泛应用。随着互联网的普及，社交网络平台为人们提供了获取信息、沟通交流的场所，人们可以利用社交网络平台交流，改善了现实生活中人们沟通较少的现象。越来越多的人使用社交网络，由此产生了巨大的商业价值。社交网络从最初的博客、QQ 空间发展到如今的微博、微信等新型的社交网络形式。

目前，社交化互联网正从娱乐形式向商业形式或者实用形式转变，也就是说，这个时代的社交已经逐渐融入互联网行业，社交也因此更加实用，更加有目的性，从而带来无限的潜力。社交化互联网行业应用是指建立在具有相同兴趣或爱好基础上的社交平台，而社交阅读则是一种极具发展潜力的社会化网络应用。社交阅读实际上是指人们将自己阅读的书籍推荐给在社交网站上认识的朋友，大家可以共同探讨与书籍有关的问题，社交阅读改变了人们的阅读形式，不再是简单地阅读纸质书，而是集阅读、交流于一体，为人们之间的交流创建了新的形式。

手机越来越智能化，以及互联网时代的到来，为人们的社交打开新的思路，人们通过下载 QQ、微博、微信等社交软件可以随时随地与他人沟通交流，转发信息。一些社交网络平台也推出了移动客户端，供用户下载到手机上使用，并在此基础上添加了新的功能，满足用户社交的各种需求。移动图书馆为社交提供了全新的形式，将阅读与交流整合到一起，实现了一边阅读一边交流探讨的目的。使用移动图书馆推出的社交功能，用户可以得知好友阅读书籍的情况，也可以向好友推荐自己正在阅读的优质书籍，与好友在线交流阅读心得，将阅读过程中的感悟记录下来方便日后查阅，此外，使用移动图书馆，用户的零散时间可以被充分利用起来，有利于激发用户的阅读兴趣。随着时代的发展，移动图书馆的社交功能越来越强大和齐全；新添加的功能如粉丝交流群、阅读俱乐部、阅读排行榜等，能够极大地提高用户使用移动图书馆的频率，提升用户的阅读体验。国内电子出版业的发展改变了读者的身份定位，读者不仅是书籍内容的接收者，也可以是书籍内容的拓展者，在移动图书馆，读者之间的交流互动所产生的思维火花同样是精彩的阅读内容，这些评论区的交流文字有可能激发出一些读者的创作灵感，使读者创作出新的阅读作品并再次利用互联网传播。

二、智慧图书馆的信息服务模式建设

（一）需求分析

以高校的图书馆系统为例，建设高校智慧图书馆信息服务模式，为学生提供多样化服务，如自助借阅图书、智能图书检索、智能盘点、个性化服务等，智能盘点和智能图书检索能够有效地减轻图书管理员的工作量。智慧图书馆的信息服务模式以为读者提供优质服务为目标，图书馆未来的建设方向以满足读者需求为主，目前读者需要图书馆为其提供智能检索、个性化服务以及自助借阅等功能。

1. 业务需求

传统图书馆主要依靠图书管理员的手动操作提供信息服务，所提供的服务是封闭的、被动的、分散的以及浅显的。在图书馆传统信息服务模式中，图书馆的工作重点是围绕着文献展开的，传统的信息服务模式存在多种弊端，无法满足培养高素质综合型人才的需求。

随着网络技术的进步，知识发展和经济发展齐肩并行，在此背景下，传统的纸质文献被数字型文献和电子型文献代替，进而读者的需求也发生了转变，朝多元化、个性化方向发展。因此图书馆信息服务模式也应根据读者的需求做出改变，首先是实现文献藏用，其次是由整理藏书向文献采集和处理以及使用转变。图书馆要更新服务理念，遵循以人为本的设计理念，将读者的需求放到首位，为读者提供更全面、更高效的服务模式。

目前，图书馆的管理系统仍存在许多问题尚未解决。第一，检索方面的问题。读者在图书馆的检索系统检索到图书的具体位置，根据位置信息寻找图书时，在实际的书架上一无所获。第二，借还方面的问题。图书馆管理系统扫描过图书上的二维码后，读者才能借走图书，受图书管理员工作效率以及借书高峰期人流量的影响，可能出现读者排长队的现象，既造成拥挤，又浪费读者的宝贵时间，同时这样的人工借还方式还有一个弊端，在周末或者是假期，图书管理员休息导致一些读者无法及时还书，其他读者去借阅图书，假如系统没有及时更新，仍能检索出已经被借走的图书，那么借阅者就会白跑一趟。第三，在图书资源整理方面，图书管理员的工作量是非常大的。由于近年来新增图书非常多，图书资源盘点更是难上加难，因此图书馆应致力于解决管理员盘点图书难的问题。第四，图书摆放乱架问题。图书管理员工作繁杂，有时归还的图书可能放错位置，并且经读者的反馈才能发现乱架问题，图书管理员的人数有限，在庞杂的图书馆内分门别类地找出图书是非常困难的。

2.功能需求

智慧图书馆信息服务模式的管理重点是智能盘点和自助服务以及图书检索功能，信息服务模式中的每个功能都为读者以及管理员提供服务，此外，还能根据读者的操作数据生成读者档案，保存读者信息。

利用智能盘点功能，图书管理员可以提高工作效率。智能盘点功能提供的主要服务是统计馆内现存图书数量、及时发现乱架现象以及图书归类和架位采集，传统的图书馆盘点方式需要闭馆盘点，智能盘点彻底改变了这个现状，同时也改变了使用扫描枪扫描图书容易造成失误的弊端，智能盘点能够同时扫描多本图书，加快盘点速度，减少管理员的工作量。

智慧图书馆信息服务模式中的个性化服务有两个基本功能，分别是收藏推荐功能和关联内容推荐功能。收藏推荐是指当读者把想要借阅的图书放到收藏夹，如果该图书尚未被其他读者借阅，那么系统会发出提示，提醒作者及时借阅；关联内容推荐是指基于读者的一些基本信息，如借阅记录、检索习惯、浏览历史等推断出读者的阅读偏好，为读者推荐合适的书籍，或者根据借阅数据库中的借阅排行榜、收藏排行榜为读者推荐书籍，借阅排行榜的形式没有限制，可以是按周排行，也可以是按月排行，或者是按学科排行。

自助借还书功能主要提供自助借阅、还书、预定以及续借服务，借还书不受图书馆开馆闭馆时间的约束，续借也是通过自助方式进行的，预订服务指的是读者对查找到的书籍进行预订，这种预定的目的是帮助读者借阅不在馆的书籍，如果图书还回，系统就会向读者发出通知，既方便了读者，又减轻了管理员的负担。

智慧图书馆中的信息服务系统将为读者提供更全面、更有价值的信息，此外该系统还能实现对读者的动态追踪。

（二）系统设计

在构建智慧图书馆信息服务系统时，考虑将其设计成由表示层和业务逻辑层以及数据访问层这三层软件架构组成的系统。

将基本功能模块设计在系统显示界面，也就是在表示层呈现图书检索、自助借还、个性化服务、智能盘点四大功能。在设计系统显示界面时用到的主要技术手段是 XML 技术，用户可以根据自己的需求在系统显示界面选择相应的模块，例如，当用户想要借书时，可以在系统显示界面也就是表示层点击自助借还，借书信息就会上传到业务逻辑层，业务逻辑层会做出相应的反应，分析数据和硬件信息，主要信息是图书电子标签上所存储的图书信息，如作者、出版社、年份等，经过业务逻辑层的分析，这些数据将会上传到数据访问层，数据访问层主要的工作内容是调用数据库将图书信息与用户信息进行匹配，匹配成功后，相关数据会从数据访问层经业务逻辑层再传回表示层展示给用户。通过借书的例子可以大致了解智慧图书馆信息服务系统的基本运行原理，个性化服务、智能盘点、图书检索等模块的运行原理与自助借还书原理一样。

智慧图书馆信息服务系统实际上是一个信息管理系统，系统的主要功能模块有个性化服务、自助借还、图书检索与精准定位以及智能盘点模块，个性化服务模块和自助借还模块主要是针对读者设计的。个性化服务主要是对图书进行推荐，一是对读者收藏的推荐，二是基于关联内容的推荐。图书检索与精准定位是读者和图书馆管理员的公共模块，主要是提供图书的精准位置。智能盘点模块主要是为解决图书管理员进行盘点时工作量大的问题，主要功能是乱架查询、图书归类、架位采集以及图书统计，图书管理员进行定期盘点时利用智慧信息服务系统能够一目了然地掌握图书的借阅情况，及时发现乱架图书并进行整理归位。在系统的主界面登录后，若是管理员则进入的是管理员应用主题，若是读者进入的则是读者的应用主题，若都不是，那么系统还将处于主界面的状态。当用户通过登录验证后，图书馆管理员和读者就可以根据需求使用系统。

第五章　智慧图书馆的技术应用与创新发展

本章的主要内容是智慧图书馆的技术应用与创新发展，分别从三个方面进行相关论述，依次是大数据技术在智慧图书馆中的实践创新、云计算技术在智慧图书馆中的实践创新、物联网技术在智慧图书馆中的实践创新。

第一节　大数据技术在智慧图书馆中的实践创新

一、大数据的基础知识

（一）大数据的概念

人类社会需要发明一种物质和数量统计的工具，对商品的交换进行评估，这是大数据出现的背景。在原始社会中，由于生产力相对较低，物质资源不够丰富，数据利用率不高。工业社会到来，生产力水平已经大大提高，这引起了人们对数据的关注。与此同时，结构化数据以及标准化数据出现，科学家研发了很多数据查询、分析和处理技术，这些技术可以处理结构化数据和非结构化数据，如音频、视频数据，图像数据，文本数据等。随着信息时代网络技术和计算机技术的发展，“互联网 +”时代到来，人们对工业生产、电子商务的研究出现大幅进步，这表明人们进入大数据的时代，云计算技术的出现和发展提高了人们处理大量数据的能力。

大数据是一个发展中的概念，目前学术界还没有关于大数据的统一定义。根据大数据在维基百科中的定义：大数据是指大量的数据，由于所涉及的数据量太大，需要通过当前主流软件工具在合理的时间获取、管理、处理和整理，成为更有用的信息，帮助企业管理决策。人们通过大数据的特征来理解大数据，除了数据量大，大数据的特性还可以从“3V”定义中总结出来，那就是规模大、类型多样和速度快。大数据的数据规模非常大；多样性是指数据类型多，如结构化数据、半结构化数据非结构化数据以及其他数据所代表的数据类型；大数据处理的速度越快，时效性越强。

大数据是一种规模超过了常规软件工具处理能力的、以“太节”为计算单元的海量数据。数据规模越大，其功能就越强，大数据所表现出来的不仅是庞大的容量，还有大量的数据交换、整合与分析，以及新的知识发现与价值创造，从而产生“大发展”“大利润”“大科技”“大知识”。

麦肯锡公司（McKinsey）是“大数据”时代的先驱，是世界著名的顾问公司。麦肯锡全球研究院发布的《大数据：下一个前沿领域的创新、竞争和生产力》对大数据进行了这样的定义：“大数据”是一组巨大的数据集合，这些数据的获取、存储、管理、分析远远超过了传统的数据库软件的处理能力。

大数据正在影响着图书馆的发展，不仅改变了图书馆的实体类型、管理载体和服务模式，还实现了图书馆的华丽转身，使其关注数据本身和相关的知识与智慧。图书馆检索、激活和调用古今中外的知识、信息、数据的核心技术就是大数据。

（二）大数据的关键技术

大数据技术基于收集、存储、管理、处理、分析、共享和可视化技术。根据麦肯锡的研究，适合使用大数据的关键技术有三四十项，这里列举几种常用的技术。

1. 遗传算法

基于生物自然选择和遗传机理的随机搜索算法就是遗传算法，是全面优化的一种算法。遗传算法通过概率法找到优化方法，主动找到搜索空间，引导优化，不需要确定方法，可以随时调整搜索方向。遗传算法因其隐含的并行性而被应用于数据挖掘中，易于与其他模型结合。

2. 分析网络

分析网络是指利用图像或者网络来描述离散节点之间所存在的特征关系的分析方法。个体在社会或组织之间的联系可以从社会分析网络中分析出来。例如，怎样去传播信息，或者哪些因素的影响所占比重较大，都可以利用网络分析来确定。

3. 统计分析

有两种关系包含在数据库的字段之中：相关关系和函数关系。对于数据库中的信息，可利用统计学原理对其进行分析，还可以通过差异分析、回归分析、常用统计、相关分析等方法，即采用统计学方法对它们进行分析。

4. 分布式数据库

分布式数据库是指基于商用硬件和开源软件设计的，具有大规模并行处理架构的，专为新一代数据库所需的复杂查询功能和大规模数据所设计的 Greenplum 数据引擎软件。智慧图书馆建设与服务创新研究所应用的 Bigtable 是专用分布式数据库，其研发受到非关系型数据库的启发。

5. 非关系型数据库

非关系型数据库如 HBase，是一个分布式存储系统，具有可靠性高、性能优良、可伸缩的特点。搭建大规模结构化存储集群可利用 HBase 技术，HBase 中的大量数据可以利用 MapReduce 来处理，HBase 的开源分布式非关系型数据库是模仿谷歌的 Bigtable。

6. 可视化技术

可视化技术让大数据分析结果的展示更加方便，因为其能够创建图表、生成动画或图片等。可视化是支持大数据蓬勃发展的重要技术。

（三）大数据的主要特点

以下是大数据所具有的几个特点。

1. 规模巨大

大数据被称为海量数据，包括个人和团体产生的大量数据。一般个人电脑的硬盘存储量都有 TB 大小，而大公司的电脑硬盘存储量更是达到了 EB 级别。单一数据集的规模范围从几十 TB 到数 PB 不等，由此可知，大数据的规模仍是不断变化的。而且，数据能产生于各种意想不到的渠道。

2. 类型多样

随着网络技术的发展，数据产生的方式呈现多样化，如网络上的日志、浏览器搜索、社交软件、手机通话记录、游戏登录信息等，会产生大量的不同类型数据，包括音视频数据、图片数据以及各种文本数据。从不同角度看，还有新闻媒体发布的数据、政府统查数据以及个人情感数据。这些数据不能全部纳入结构化数据的范畴，占比越来越大的半结构化数据以及非结构化数据都包含在这些数据中。

3. 产生速度快

大数据与传统的数据挖掘相比，最大的区别就是对时间的要求，这是因为如今数据产生的速度非常快，网络技术加快了数据的创建与传输。某些在实际应用中进行了性能优化的计算机处理器与服务器能够迅速地产生即时的数据流，在高速网络时代已广泛得到运用。

4. 价值密度低

虽然物联网被广泛应用，具有无处不在的信息感知能力，可获取大量的数据信息，但是数据信息具有的价值密度却很低，如视频数据，它的价值密度相对来说是比较低的，因为如果视频本身长达一个多小时，其中有用的数据可能只有一两秒，剩下的都是没有意义的数据。数据总量的大小与价值密度的高低成反比，单条数据在大数据中也许一文不值，但其综合价值大到不可估量。因此，在大数据时代，亟待解决的问题是怎样利用数据挖掘算法的强大之处更加快速地提取数据所包含的价值。

5. 存储要求高

数据源多种多样，虽然能提供大量的数据，但随之而来的是科学存储的问题。同样地，海量数据存储系统也要有与其等级相对应的扩展能力，因为大数据一般能达到的数据规模是 PB 级的。当前互联网用户呈现出多样化的需求，异质异构、无结构是数据的发展趋势，同时不断涌现出新的数据类型。需要进一步研究的是查询和海量分布式存储，因为由数据的动态演化所带来的挑战是静态的存储方案无法满足的，目前由数据的异质异构、爆炸性增长所带来的存储问题是传统存储架构不容易解决的。

6. 管理复杂

如今，数据量庞大且结构复杂的大数据成为传统的信息技术架构面临的挑战，以往的数据管理方法已经不适用于对各种异构数据进行处理，许多大型企业在日常运营中会产生大量的数据，然而，这些企业却没有及时提升公司内部人员分析处理数据的能力。以往的关系数据库在处理大数据时明显吃力，到现在为止能够利用的方法有数据仓库、Apache Hadoop 的解决方案或大规模并行处理架构和类似 Greenplum 的数据库等。

（四）大数据技术的应用原理

1. 数据采集

因为大数据具有多种复杂的数据类型，如视频、文本、音频、图像、数字等，所以在进行大数据的采集之前，要做好数据的预处理工作。首先，清洗数据源，确保数据完整、准确，提高数据的可利用性以及质量，随后抽取数据源信息，并对这些信息进行集成处理；其次，主要使用集合和关联的方法对实体和实体之间的关系进行分析；最后，将以上数据存储到数据库中。一般将经过预处理的数据转换数据模型，这是为了更好地处理数据，实现对数据的掌控。搜索法、数据流法、数据库法和中间法是当前比较流行的几种数据采集方法。

2. 数据分析

数据分析在数据采集完成之后进行，是数据处理技术中最为关键的部分，对数据中隐藏的价值进行挖掘和处理。传统的数据分析主要分析一些单一类型的数据，而大数据分析则需要调整和改进传统算法，需要对数据进行多结构类型的处理。对传统数据分析方法进行调整和改进，是当前大数据分析内容的关键，而数据分析的最终目的就是挖掘出蕴含在数据中的内在价值。除此之外，如果想提高数据的处理效率，就要将数据进行成批处理，在改进传统数据算法的时候，需要注重数据处理的形式以及算法的时效性。

3. 数据解释

为了在显示器上显示数据处理的结果，我们要应用数据解释技术。其与传统的数据解释是不一样的，因为大数据具有不同的数据结构和数据形式，大数据无法直接显示在显示器上，因为大数据具有多种数据结构和数据形式，所以对于大数据，要用另一种方法来解释数据。

二、智慧图书馆应用大数据技术所面临的挑战及问题

（一）智慧图书馆应用大数据技术所面临的挑战

随着现代社会对信息资源的进一步利用和信息技术的发展，智慧图书馆应用大数据技术必须掌握的内容之一就是怎样直面大数据带来的冲击及挑战。

其一，智慧图书馆计算以及存储能力因数据量快速增长而受到威胁。

在数字信息时代，数据量大幅增长是必然的结果，造成这个结果的根本原因是数据成本持续下降，随着网络技术的发展，数据采集技术也在不断更新，新的数据源频现，这使得数据类型增多，由此产生的非结构化数据使大数据变得更加复杂，与此同时，在应用大数据的过程中不断出现各种科学问题，这将极大地推动大数据方面的科学研究，同时也为图书馆创新服务形式奠定了基础。目前，亟待解决的问题是改进数据中心技术，否则将难以支撑大数据应用及知识服务。完善知识服务体系需要做到以下几点。第一点，数据量的增速远大于存储能力增速，只有构建合理的分层以及分级存储结构才能实现完善知识服务体系的目标；第二点，移动互联网技术越来越普及，数据移动发生的频率也因此越来越高，在信息

资源管理过程中，数据移动的成本极高，因此有必要完善知识服务体系，具体做法是改变数据处理的方式，使计算能力围绕着数据转，而不是数据围绕着计算能力转；第三点，还需要解决一些其他技术性的问题，如通量高、可靠性高、可扩展性广、可用性强的规模、统计、语义及预测性数据分析计算机技术、表示新数据的方法等。

其二，智慧图书馆常规图书馆分析向具有广度和深度的数据分析转变所带来的挑战。

数据分析在完善图书馆知识服务体系中发挥着重要作用，也推动着图书馆的发展和创新。图书馆应积极地采取各种措施和有效手段，解决发展道路上所面临的各种问题，利用交互型知识服务以及数据研究技术深入理解当前的知识服务体系，并预测未来的发展方向。数据分析除常规的数据分析外，还包含很多方面，如时间序列分析、数据关联关系分析、社会网络分析、大规模图分析及移动平均线分析等具有广度和深度的数据分析。

其三，智慧图书馆基础设施方面的挑战。

存储及计算规模增大是因为数据量及非结构化数据的迅速增加，导致存储成本极速增加。考虑到成本问题，对支持非结构化数据存储及分析的基础设施提出了更高的要求，要求由高端服务器转向由中低端硬件构成的大规模计算机集群，以服务日渐增多的知识服务机构。

第一，海量分布的数据密集应用对分布式存储、计算的能力提出了新的挑战。

第二，计算与存储能力具有高效性，成本较低，它必须能够对 TB、PB 量级的数据进行采集、存储和分析，同时还要具有智能化的分析功能，以降低数据分析的成本。

（二）智慧图书馆应用大数据技术所面临的问题

图书馆作为信息技术应用的“重镇”，在大数据时代也一样，大数据的服务已被引入图书馆中，并且开始应用。这使我们注意到，不能一味关注每一个具体图书馆的结构化信息资源需求，同时也要意识到使非结构化数据分析变得可行和经济高效的重要性，从而能够使知识面横向扩展并且能够应对知识服务需求的急剧扩张，所以这是一种最具颠覆性及创造性的引进。非结构化数据分析作为一种新的尚未开发的资源，要想确定它的重要程度是很困难的，甚至是不可能的。同时，它也是一种技术助推策略，以获取知识运营者、用户和知识服务观察者为目标，从而提升图书馆的核心竞争力。相较于以往，大数据的运用具有更强的优势，能够更快地做出具有时效性的决策，能够把握知识服务的最新趋势，能够迅速调整自身的位置，把握新的发展机会。

正如数字图书馆最初出现时，图书情报领域受到了质疑一样，在对大数据进行研究的过程中，图书情报领域也必然会受到来自各方的质疑。因此，在大数据时代下，探讨图书馆所面临的机遇和挑战是至关重要的，从而提升图书情报领域的技术水平，降低知识服务的成本，最大化地提升知识服务的能力。其中，就意识形态方面而言，有三个问题值得全体图书情报工作者进行深入的讨论与思考。一是虽然图书馆中的数据量非常庞大，并且在不断增长，但是其中可供分析的数据在不断减少。要想增加可分析的数据量，应善用大数据分析技术和各种数据分析手段，与此同时，也要打造智能化知识服务体系。二是由图书馆情报领域当前的状况可知，国内的图书馆以及图书管理人员对数据不够敏感，他们没有察觉到“潜在的机遇数据”，当然更不具备将这些数据转化为知识的能力，没有完全掌握有效的数据分析方法和大数据技术。三是图书馆系统所涉及的数据量非常复杂，数据类型繁多，包括结构化和非结构化以及半结构化类型的数据，分析和探索各种类型的数据对图书馆以及工作人员来说是极其困难的一项工作。另外，寻找大数据决策方法也是图书馆最终需要面对的问题。

从目前大数据技术在我国的发展现状来看，此项技术尚待完善，需要经过市场验证，当然，作为一项新型技术，图书馆以及管理人员对大数据技术相对陌生，因此图书馆如果计划应用大数据技术，就必须考虑以下几个问题：首先，确定数据库中可用于分析预测的数据；其次，根据图书馆的资金规划确定投入成本并计算回报，判断是否有必要分析那些非结构化的数据；最后，非结构化的数据因数据来源不同，时间、空间等因素不同而形成不同的结构，结构不同，呈现形式以及特征也就不同，同时也需要运用不同的数据进行存储、组织、分析及决策。另外需要深入探讨的话题是怎样依据图书馆自身所具有的数据特性来选择合适的、有针对性的大数据技术；怎样有效地整合、集成及分析那些可用周期很短，并且属于不同领域、不同时域或不同地域的数据；如何把握时机以及用什么方法在大数据的支持下完成已有数据的获取、存储、组织、分析和决策流程；传统的知识创新模式、信息服务方式、信息资源管理、数据存储和分析技术与大数据解决方案之间的异同点有哪些；大数据解决方案更适合出现在哪种场合；将大数据解决方案进一步完善，还是将传统信息服务方式、信息资源管理及信息处理技术完全取缔。

三、智慧图书馆的大数据整合

（一）智慧图书馆的大数据整合需求

1. 信息技术基础设施架构优化和系统安全运行的需求

首先，对于图书馆信息技术基本设备的优化，最重要的是考虑一些信息技术基础设备的组织架构是否有利于对大数据资料和系统硬件设备的有机整理与合成；数据整理中心的信息技术基础设备资源能否使拓展、监管和维护变得更加简便；数据中心的监管、运行和维护所需要的成本是否足够低，并且在异构环境中是否具有比较可靠的安全性和可控制性。

其次，当因为数据中心系统的整合导致信息技术架构复杂程度和设备数量减少的时候，对数据存储和用户服务将由数量较少的设备负责，数据中心的单点故障率是否足够低，数据存储安全性是否足够高。

再次，信息技术基础设备架构的中心技术是否虚拟化，不能因为数据中心增加了对虚拟化技术的运用，导致系统的安全隐患大幅度地增加，自身的抗风险能力降低。

最后，为满足用户需求、提高系统可靠性，图书馆通常将多个子数据中心分别构建于不同位置，实现为用户提供更优质服务的目的。如何有效地分析、挖掘、集成各个领域的子数据，是关系到图书馆系统运行安全性与信息技术基础设施结构优化的关键问题。

2. 数据中心异构系统与应用服务整合的需求

首先，关系系统安全、管理效率和用户服务质量的关键应用目前主要分布在图书馆数据中心的大型计算机主机上，而一些不太重要的应用则分布在 UNIX 或 X86 等平台上。这就使一些现象被着重地表现出来，如信息技术基本设备应用的多元化、架构的多平台化、数据离散、系统不同结构和被孤立的信息等。

其次，不同的应用提供的服务、运作系统和虚拟化平台也有不同的安全需求与安全准则，很难将大数据流的获取、收集、管制、解析统一化并预先合成决策平台的软件与硬件系统。

再次，在保证不同系统平台效率的前提下，以用户需求和图书馆服务能力建设为指导，提高大数据平台综合效率与大数据服务有效性的关键，是实现无缝整合数据中心原有系统和在大数据层面上新开发的系统。

最后，运作系统异构、系统运行的环境异构、数据库监管系统的异构、网络协定异构、用户环境异构、认证环节异构、远程实施方案异构、数据本身异构都属于图书馆的系统异构，数据整合的难易程度和复杂程度因为这些异构的存在而大幅度地增加了。

3. 增强大数据价值密度和可控性的需求

首先，图书馆服务已经有所转变，在大数据时代，通过应用大数据技术，图书馆已经从过去以消耗资源为主的服务，转变成现在以大数据资源保障为主要内容的个性化绿色服务。因此，图书馆的服务创新能力和市场竞争力受大数据资源的价值密度与可控性影响。

其次，因为读者的阅读需要增加了，图书馆服务过程的复杂程度加深了，图书馆将面临非常多的挑战，如业务繁多杂乱、计算的需求增大、数据存储的成本猛烈增长，需要巨大的成本控制能耗以及保证服务质量，而服务的安全、高效率、绿色清洁和可控制性则决定了大数据整合的有效性。

最后，大数据的分析、评估和预测价值无法被无规律、单一的碎片信息数据显示出来，因为在大数据环境下，数据通常以碎片信息数据流的形式存在。因此，图书馆要对数据碎片进行系统性的细分、搭配、重组与整合，就必须以用户服务需求为中心，这样才能提升数据的可控制性、可利用性和价值密度，最终实现大数据向大服务的转变。

4. 智慧管理与智慧服务的需求

图书馆要实现服务系统的智慧服务与智慧管理，可以利用大数据技术来构造智慧型图书馆。

首先，图书馆要想正确把握基础设施结构的合理性、系统的服务能力与管理能力、市场的竞争环境和读者个性化阅读需求等实际问题，只有通过对历史信息与现有数据的整合与测量来发掘图书馆系统重要因素之间的联系，分析图书馆服务内容、服务形式、服务市场、服务对象的现状，进行准确的数据挖掘和感知。

其次，图书馆只有整理合成与解析所采集的全部数据，以及判断用户的需求形式，才能改革服务形式与内容，改善服务环境，对于个性化阅读的服务质量和用户要求进行准确判断。

再次，智慧服务是图书馆智慧管理的最终目标。因此，图书馆对于大数据资源的整理，要想提升大数据服务的支撑力和大数据资源的价值密度，就要秉持提高服务系统统一保护能力和服务资料综合使用率的思想。

最后，大数据平台处理海量、快速变化的数据的效率与能力，取决于有效的数据整合和科学的数据结构，同时后者也关系着高速数据在短时间内的即时服务质量和价值有效性。因此，图书馆想要保证信息的处理系统、数据的运算和存储系统、业务决策系统和用户服务系统的高效率、安全、优质和实效性，就应该通过大数据平台对实时采集的数据流进行快速整合。

5. 大数据资源描述语法和主数据库格式统一的需求

图书馆数据库中的数据来自用户行为和服务数据，管理员管理数据，社交平台数据，日志，微信、QQ 等移动端反馈数据等，但这些主数据库标准和描述语法不统一，而且可能存在强烈的冲突。第一，数据源结构复杂，缺乏规律性，数据不能进行有效的语义互联。第二，数据集成过程的科学性和结构合理性以及实验数据格式的互操作性和可控性是集成大数据的基础。第三，图书馆倾向于使用虚拟化方法进行数据集成，以提高大数据集成的效率并降低集成成本。而如何摆脱存储方法、存储路径的限制，提高虚拟可用性和准确率，是有待解决的问题。

（二）智慧图书馆的大数据整合机制

图书馆大数据集成平台采用分层多维度架构，确保系统平台具有完整性、精确性。同时，监控和完善对数据的添加、修改和删除等操作，确保不会影响大数据集成平台的整体机制运行、可用性和控制监督。

图书馆大数据资源平台系统收集的大量庞杂资源存储在一个临时数据库中，数据通过预定义规则进行清理和筛查，并在数据集成后导入主数据库中。这个系统架构由数据库操作管理层、数据分布层、数据集成层、数据存储层组成。数据库操作管理层中图书管理员通过开发完成大数据库的构建，管理平台应用程序的用户原始界面。数据分布层基于数据错误检查，依据定义的数据清洗与过滤规则，对数据进行质量分析、过滤和清理，集成优秀的数据资源、高价值的数据，以确保数据的集成密度和可操作性。数据集成层实际上是一个临时数据库，是经过数据筛查和过滤而产生的，实现了对数据源的挖掘、对数据的分析转换，并将数据写入主库中，从而实现了大型图书馆数据资源库的集成。数据存储层主要包括各大数据源、修改数据库、分析数据库，以及利用多个终端采集的数据。主库中的应用程序与数据在数据同步机制的作用下实现了一致性，为数据库应用提供安全可靠的数据支撑。

（三）智慧图书馆的大数据集成布局

1. 完善数据中心信息技术基础设施架构

首先，图书馆数据中心信息技术基础架构整合改良，要以产品集成、信息集成和业务集成为目标，不仅与风险控制和成本降低、节能需求和质量保证相对照，还要以计算、存储及网络和数据备份设备的虚拟化集成为核心。因此，信息技术基础设施的有效整合必须基于虚拟化资源库的整合使用，以提高信息技术基础设备的普及利用率。其次，有效整合和优化信息技术基础设施，确保图书馆数据中心可以在规则一致的透明环境中，保质保量地检索完整数据，坚持两个统一（即统一的数据环境和统一的数据体系结构）的原则。再次，图书馆虚拟化数据中心集成终端服务器、硬件存储设备时，要秉承稳定、快捷、可持续、环保的理念，要坚持数据收集、分析、利用的每个环节都对用户负责。最后，图书馆数据中心信息技术基础设施库的优化，可根据未来数据环境特点和整合需求进行灵活的扩展和调整，保证信息技术基础设施架构有一定的调整空间，能对未来市场变化做出相应调整，并让该架构有更广阔的服务渠道与智能化的运行模式。

2. 大数据资源整合平台的多种用途和便捷化管理

图书馆在实施大数据资源整合的过程中，须注重以下五点。

第一，要保证大数据资源整合平台具有多种用途和便捷化的管理模式，使系统更加便捷并降低成本，用户能够通过平台或第三方下载程序并在终端使用；还要使平台系统功能模块具备灵活性和可扩展性，以应对日益复杂的数据组合变动，提升平台整体性能。

第二，采用创新型分布式架构执行工作计划，管理复杂的数据整合工作流程。

第三，通常大数据资源整合平台应具备对重要数据和实时数据的判定功能，根据数据的时效性确定分级顺序并进行整合。图书馆庞大的数据按照用户服务的时效功能分级，主要整合两种不同类型的数据：一类是由系统运行和用户交互与反馈而产生的大量基础型数据，这类数据往往不具有时效性；另一类是由用户在服务层面的差异化需求产生的实时信息、当下的定制需求信息以及保障用户信息安全的监控数据。

第四，在整个平台构建过程中要秉承去芜存菁的原则，利用关系数据库系统在构建过程中日趋成熟的便捷性，优化平台非结构数据和流数据的重组，在保持数据重组稳定的情况下减少平台构建过程中的资金投入。

第五，智能化的资源整合平台要求具备高效的数据互通能力，在平台的输入端及时对信息分类后，将初步处理的数据精确地匹配到相关的处理模块，之后将加工过的数据传输至主数据库进行分析和利用。

3. 利用云计算技术确保数据整合的高效和经济

新型服务理念和用户需求必然伴随着数据的激增，单纯地通过购买大型硬件设备、提高数据库的兼容性和加工速度、改良检索和匹配的方式、降低用户服务标准等措施，早已无法迎合大数据的增长势头，因此图书馆应通过引入云计算技术为大数据整合找到新的出路。

数据安全可根据其重要性和图书馆用户的反馈情况分级。其中系统运行数据、阅读数据、用户需求数据、运营模式评估数据、用户反馈数据安全级别较低，而安全监管数据、用户资料数据、用户检索痕迹和隐私数据的安全级别较高。大数据资源往往总增长量大，又要求功能强大、快速传播、便于检索，因此只有将云计算技术应用于图书馆数据整合中，数据整合的高效与经济才有保障。

第一，图书馆受限于自身资金、人才储备、技术能力，大多通过私有云和租赁云的方式存储和使用数据，进而减少对信息技术硬件软件设备、数据管理的依赖，有效地节约资金。

第二，将私有云用来存储那些更为重要的高密级数据。当图书馆因资金与技术等客观因素不得不将重要数据存储在公有云中时，要和第三方云服务机构协商，以明确数据安全的责任、数据使用的权利，并达成有法律保障的协议。

第三，为保障资源整合系统的有序管理、安全监控，并节约成本，云服务机构需要向图书馆的用户询问身份和相关权限许可。

第四，云数据库应在不涉及改变数据检索、利用、反馈方式的前提下，开发更符合市场需求的数据存储、评估和智能化搭建数据模型的能力。

4. 以图书馆大数据服务质量保障为目标

图书馆特色服务的受众是广大的用户，他们带有鲜明的、不同的社会属性，所以图书馆数据服务也要具有相应社会特质，以人为本。保障服务质量是图书馆大数据整合的宗旨。

第一，图书馆对不同终端设备采集的大数据资源要科学整合，这就需要在改善服务流程、提高针对服务时效与速度、推广营销管理政策、整合个性化用户服务数据等方面高标准，严要求。

第二，图书馆大数据库内部数据和服务资源的整合，依据就是最终形成的用户大数据分析结果。要实现用户服务内容和模式的高效定制与投放，就要深挖图书馆的业务，坚持以人为本的理念，提升用户对服务产品的适应性，打铁还需自身硬就是这个道理。

第三，图书馆用户的阅读习惯、阅读爱好、阅读种类、阅读兴趣等，都是有价值的数据，图书馆大数据整合要注重提升获取此类数据的能力，还要多元化跨界，与第三方大数据提供商、移动终端服务商深度合作，扩展数据传输服务的内核，依据数据分析结果来判断提供给用户的服务是否准确、有用。

5. 协调系统架构和优化数据整合

在图书馆运行的过程中会遇到大数据技术无法做到收集与分析相适应的情况，进而给图书馆协调系统架构和优化数据整合带来棘手的问题，产生这种问题的原因是在图书馆对原始数据进行收集和分析时，由系统和终端服务器搜集的新数据种类与原始数据之间会产生差异。当大数据作为一个整体体现其利用价值时，一定要制定数据与系统结构统一的模式。另外，设计人员在构建一个大数据平台时，要尽量做到系统的各部分效率的最大化，通过对大数据的搜集、分类、处理、利用，将各个流程汇集成一个整体；建立完善的安全管理系统对数据库的运行有所保障，通过智能的防火墙软件评估和规避风险。大数据平台的应用优势在于简单的系统管理方式，得益于便捷的系统，大数据平台充分利用信息的时效性，加速信息的流动和数据的交流，而对平台的操作人员来说，便捷的管理方式和操作流程能为数据的结构管理提供最大的帮助。大数据整合的最终目的是推动图书馆信息化的发展，打造满足用户需求的新型图书馆。新型图书馆应以可持续发展的方式，推动信息的传播与交流，也为建立环保、便捷的大数据平台提供帮助。新型图书馆要为完善数据使用与信息共享方面的法律法规做出贡献，为数据传播与交流的管理、控制、监督提供保障。

当前如何运作图书馆架构体系，如何管理用户之间的关系，为用户带来新内容、新思维的同时使用户享受来自图书馆的服务，这就要在数据组成是否具有科学性和使用价值，是否可以平等分享、检索等方面进行深入研究。由此可看出，应用高级智能对价值密度不高的杂乱资源、集散资源进行分拣、清洗、转换、整合，使数据平台的资源结构趋于合理化，构建一个高价值、高密度、可持续利用的基础信息技术资源体系是图书馆获得新的市场信息和市场洞悉能力、高效科学地提供满足个体用户差异化需求的服务的关键。

正因如此，图书馆应该基于用户的差异化需求和大数据资源的固有价值创建一个庞大的管理平台和数据库集成系统。图书馆应该根据用户的安全需求和差异设定与完善用户服务系统。对图书馆大数据资源的结构、数据格式、状态进行详尽的分析，有效地普及数据互通，减少直至杜绝信息孤岛，从而进行有效的系统运营与数据管理。

四、大数据技术在智慧图书馆建设中的应用

（一）智慧图书馆的大数据需求分析

智慧图书馆是在智能图书馆的基础上延续和发展而来的，智慧图书馆以智能图书馆的自动化系统为依托，但它与智能图书馆相比却大不相同，使用了更先进的技术。首先要制定数据规范，按照数据规范采集、净化和传输数据，构建一个以 Hadoop 为基础的大数据平台；其次基于数据平台多维度、全方位地分析数据，将智能图书馆的原有功能移植到移动图书馆，以方便读者阅读；最后开发新的图书馆功能，使图书馆屏幕上的内容更加多元化，实现用户与图书馆的有效交流，增添智能机器人设备为用户提供智能服务。

1. 数据集成化需求分析

（1）数据源系统分析

构建大数据平台，必须对数据源的数据类型、结构，数据库的类型、结构，数据源中的问题等进行深入的研究、全面的了解，为构建大数据平台时的数据库选择、数据标准的制定提供支撑。智慧图书馆大数据平台的数据是从原来图书馆的运行系统中提取出来的，其主要内容有馆藏数据、用户个人数据。主要来自以下几个系统。

①图书借阅系统。图书借阅是图书馆向读者提供的基础服务，图书借阅系统不仅保存了图书馆藏书的全部资料，还保存了广大读者的详尽资料。另外，图书借阅系统对各类图书的借出和归还信息进行了详尽的登记，读者借阅前对图书进行的检索也记录在系统的日志中。

②闸机系统。图书馆一般都会设置闸机系统，任何人不可随意出入，只有经过闸机认证的人才可进入图书馆大厅，并且经过闸机的人会留下进馆记录，一些高校的图书馆也在闸机上设置了离馆认证。

③ IC 空间系统。IC 空间系统由自习室预约、阅览室预约、座位预约、器材预约等四大部分组成。读者可以在此系统中预约和使用图书馆的自习室和电子阅览室。IC 空间系统除了满足读者的各种需求，还对每一位读者的使用情况都做了详细的记录，其中包括预约的时间、设备的种类、设备的位置、开始使用和退出的时间，还有读者的一些私人资料。

④自助打印系统。图书馆中配备了自助打印设备，读者可以自行刷卡使用这些设备打印资料，另外自助打印设备也具备扫描、复印功能，使用自助打印设备的过程中，自助打印系统会对所打印文件的类型、用纸数量进行记录，这些数据

也是智慧图书馆数据源中的数据。

⑤ OPAC 系统。OPAC 系统是一种以读者为中心的信息检索系统，它提供一项重要的服务功能。读者利用该系统可以检索图书馆中藏书的位置以及下载电子版文献，该系统可以记录每日检索数量、检索状态以及进入系统的人流量。

（2）数据获取方式分析

由于数据来源于多家供应商提供的多个业务系统，要获得这些数据，几乎不可能让厂商将整个数据库都公开，因为如果将整个数据库开放，就意味着可以对数据进行增加、删除、修改、查找，这就会对整个系统的安全和稳定性造成一定的影响。不过，主机制造商可以提供一个账号，登录这个账号可以看到某些数据视图，但无法修改。如果供应商不能给出视图，那么就需要他们给出一个可以通过这个界面来读取数据的数据接口。

2. 数据知识化需求分析

利用各种手段分析和挖掘数据信息，将其转换为实际可用的知识，这就是数据知识化过程，具体需要用到决策支持系统、图书馆报告和读者个人报告。决策支持系统服务于图书管理人员，为他们的决策提供保障；图书馆报告是指自动生成和自助下载报告；读者个人报告是指基于读者数据分析，生成单独的读者报告。根据图书馆的现有数据进行分析探究，找出图书馆存在的潜在问题，对上述三个方面进行需求分析。

（1）决策支持系统需求分析

决策支持系统的数据来源于图书馆中的各类辅助系统，如馆内闸机系统产生的数据、借阅系统生成的数据，以及自助打印系统和IC空间系统产生的数据，产生的数据类型分为两种，一种是静态资源数据，另一种是读者行为数据。静态资源数据涵盖了图书的数量、种类、作者等信息以及读者的姓名、性别、年龄等基本信息；读者行为数据占决策数据的比例较高，涵盖内容较广泛，借阅图书的时间、地点、类型，进馆离馆的时间，自助打印的时间以及打印类型和使用纸张数量等信息都属于读者行为数据。

（2）图书馆报告需求分析

智慧图书馆报告在内容上与以往图书馆出具的纸质报告类似，以往的图书馆纸质报告中的数据都是由专人统计获得的，既浪费时间也耗费人力。智慧图书馆对此进行了改进，在对数据进行分析的基础上，自动产生了图书馆的报告，并提供了点击下载的功能，可以把页面上的文字、图表（以图像的形式）存储到文件中。

（3）读者个人报告需求分析

读者个人报告是对读者一年内对图书馆使用情况的记录。读者个人报告需求分析是对读者个人在图书馆产生的数据进行分析，主要包括进出馆数据分析、借阅数据分析、文印数据分析、座位使用情况分析以及读者个人信息分析等。在这份报告中，要对读者首次进入图书馆到最终离开这段时间内发生的一些重要事件、排名以及一些其他事件，如离馆时间、进入图书馆的总次数、借书数量总和、最大借书量、借阅各类书籍的比例等进行统计分析。

3. 平台移动化需求分析

网页嵌入和接口对接是移动客户端集成业务系统的两种主要方式。图书馆移动客户端共设计了五个模块，分别是首页、馆藏以及预约、发现和“我的”，首页界面的主要内容是 IC 空间状态和个人动态信息；馆藏界面主要设计了查询和推荐图书的功能；预约界面主要包括座位预约和阅览室预约以及其他预约功能；打开发现界面可以看到自助打印功能，用户可以将自己想要打印或复印的文件上传到移动客户端进行自助打印；在“我的”界面可以看到用户的一些个人信息，如用户名、性别、院系等。

4. 服务多样化需求分析

（1）图书馆大屏需求分析

在保持原来的时间及图书馆通告的情况下，增加实时的资源数据以及最近几天的资源数据的使用统计，以便在馆的读者能够更直观地了解图书馆的现有资源。新增加的内容会出现在同一个网页中，而原来的图书馆通告则会出现在另外一个网页中，并且可以在两个网页之间来回切换。

（2）图书馆机器人需求分析

机器人是当今人工智能技术发展的必然结果。为了加强与读者的互动，图书馆必须引进新的互动媒体。机器人系统实现了以下两个方面的突破：利用人脸识别技术对用户进行识别，将用户的面部特征与数据库中的资源相匹配，从而判断出用户的身份；利用声音辨识技术与用户进行信息交流，语音识别既能为用户介绍图书馆的详细情况，也能针对用户的个性化需求，详细解答用户提出的图书借阅问题，并记录用户对图书馆各种设施的使用情况，将图书、活动和新的资源设备推荐给用户。

（二）智慧图书馆的大数据资源共享——以高校图书馆为例

诸多新科技兴起促进了网络媒体、社交平台等新事物的发展，在当今大数据的时代背景下，学术界、商业、工业乃至政府机构都开始着眼于大数据技术，人类社会在不断进步中开始探究大数据带来的数据核心价值。人们在做出决策之时通常会通过应用大数据发现事物存在的内在联系，进行比对得出结论，最终用结论指导决策制定，并且人们可以根据大量的数据来对未来的情况进行预测。高校图书馆受益于庞大的数字服务。如果依靠大数据技术可以继续改进数字资源的创建并为用户提供更好的信息服务，那么我们需要探索如何运用大量的大数据技术来解决高校图书馆资源共享的问题。

首先，通过加强高校图书馆数字化建设满足高校图书馆用户对数字化服务的差异性需求。单一的高校图书馆数字化虽然并不具备大数据特征，但这些获取的数字资源已经具备大数据功能所拥有的一系列属性。

其次，高校图书馆联盟的数字服务数量持续增长。随着高校图书馆中数字用户数量的增加，用户信息、高校图书馆联盟的服务数据和数字信息产生的非结构化数据形成了一个超级数据集。

最后，随着信息科技的进步，高校图书馆数字化服务中，数字用户的需求会持续增长，这并不只是在寻求数字化服务和其他一般信息服务，而是在寻求更深层次的数字资源的共享。高校图书馆联盟应该基于用户的差异化需求优化数字资源的信息服务方式，从而更符合用户对数字资源信息获取的需求。

与此同时，在大数据时代，高校图书馆数字资源共享具有以下优势。

①数字资源的优势。大数据能够将杂乱的数据集中整合成有利用价值的数据，并对这些数据进行深层次的分析，开发出隐藏在数据中的巨大价值。高校图书馆中数字资源涵盖了电子书、期刊、数据库、音频、视频等常见的数字资源。个体图书馆的数字资源无法到达 IPB 以上的大数据基准，可是相较于高校图书馆联盟，大数据应该匹配的是高校图书馆联盟运行产生的全部资料数据。而采用云计算处理运营数据、精准地把控数据走向，并对今后的发展做出科学的规划是大数据时代高校图书馆联盟利用大数据的重中之重。

②海量数据产生的优势。数字资源技术基础之上的移动网络信息管理通道和多渠道服务内容为高校图书馆联盟的移动化提供了技术上的支持，如此看来，自媒体、社交平台等差异化渠道服务所累积的个人化用户终端的信息服务都将获取到海量的交互数据。应用这些交互数字服务以各种形式和组织方式将系统管理的各种计划分发给高校图书馆联盟，整合在共同的大型数据库中。云计算技术给传统图书馆带来了彻底的改变，并为大数据开发做出了贡献，高校图书馆联盟融合了云计算技术与大数据技术，构建了大数据信息体系。

③技术的优势。如今的科技发展速度惊人，云计算技术正在为高校图书馆联盟提供可靠的数据平台。不同的物理设备，如屏蔽服务器、互通网络、硬件存储存在差异，不同的物理设备如何共享的问题可以通过云计算技术中的虚拟化技术找到解决方案。合并高校图书馆联盟的现有硬件设备并使硬件设备集成运行，将降低高校图书馆联盟的硬件成本，并为数字资源共享提供硬件保护，这都得益于云计算技术中的虚拟化技术。每所大学分散的自主数据库可以通过云存储技术来汇总，并交由云端进行资源的再调配，用户的资料与产生的数据也会进行动态分布，缩短了信息获取的时间。通过使用兼容的网络系统，高校图书馆联盟的技术管理部门对云计算网络进行严密监控，以巩固高校图书馆数字服务的安全性。

高校图书馆资源共享的实现和发展需要良好的、合理的、稳定的策略，这将为完善高校图书馆的资源共享提供有效的途径。

1. 大数据时代高校图书馆数字资源共享的建设策略

（1）管理层面

妥善合理的建设策略是大数据资源共享这项系统工程能否实现绿色、可持续发展的关键所在。正因如此，为符合时代要求的高校图书馆联盟建立管理机制非常重要，这个管理机制的责任如下：一是确定大数据架构、共享的机制和标准；二是负责数据汇总、数据存储等内容；三是负责维护、监管数据。在每个高校图书馆配备基础数据管理人员，他们将成为大数据运行管理的基本单位，其重点工作是高校图书馆联盟数据管理系统的运行和维护，以及图书馆基础数据的收集、访问和审查，从而有效地保障高校图书馆数字资源的发展和建设。

（2）平台建设方面

高校图书馆联盟如果建立大数据平台，必须以整合高校已具备的数字资源为基础，并在此基础上进行统一管理和部署。将云计算技术应用到大数据平台数字资源的采集中，可以汇总分类每个高校图书馆已具备的网络、硬件和主数据库。初步提取来自每个高校图书馆的数字资源主数据库，将这些资源与高校图书馆建立关联，然后将数据以逐级向上的形式汇集到大数据平台上，为每个高校图书馆提供强大的云平台，以存储数字资源，实现数据查询和分析。

大型数据平台具有接收内置属性的服务架构，可以根据定制信息的需求，将信息差异化、个性化地传达给用户，并向用户提供各种类型的数字服务，这可大大缓解高校图书馆中的资源浪费、信息孤岛、信息泄露等问题，推动大学校园数字服务建设，并向需要数据服务的用户提供准确的数据服务。

2. 大数据时代高校图书馆数字资源共享的运行策略

（1）数据运行方面

分散数据通过汇集组成大数据，像高校图书馆这种规模的信息共享对于大数据的时效性、精准度、安全能力有着严苛的要求，只有从构建制度、系统维护、主数据库建设等各方面严格把控，才能保证整个平台的平稳运行。

（2）技术运行方面

用来存储高校图书馆联盟数字资源的硬件与软件系统是技术运行的主要实现方式。在平时，严格遵守硬件维护规程，同时建立灾难意外备份，确保大型数据库资料的安全。在软件程序运行方面，评估数据管理系统的使用情况、数据的管理情况、数据的对接情况，以及采纳开发团队和用户的反馈意见，对平台的更新换代是非常重要的。要保存和存储活动信息，需要注意合适的数据存储方式对应合适的使用情况，确保数据的安全性和准确性，确保用户能够有效且准确地进行反馈。

（3）网络运行方面

建立大规模网络管理平台，利用现有科技对网络进行监管，最大限度地提升网络监管效果，组成网络系统，并及时阻止无用的网络建设，减少资源的二次使用，防止造成大量浪费。完善网络监管，及时发现网络日常运行中的问题，并快速地反馈、处理、解决问题，减少因网络缺陷导致的数据遗失或查询障碍等问题。

（4）绩效管理和评估反馈方面

一个有效的绩效系统可以对大数据平台的运行数据和运行问题及时展开评估，防止各个高校图书馆因利益冲突而阻碍知识、资源的共享。建立绩效评估系统对高校图书馆之间的利益冲突可以起到缓冲的作用。一个优秀的评估反馈系统应该为高校图书馆联盟大数据平台各项数据的安全和正常运行提供保障，按时提供反馈信息。大数据管理应有能力收集每所高校和用户在平台上的使用情况，一旦发生问题要第一时间快速处理问题，并及时消除问题带来的影响。

3. 大数据时代高校图书馆数字资源共享的安全策略

（1）加强数据安全制度建设

当建立大数据平台时，应从国家层面制定安全法规并依法保护图书馆数字平台的数据共享。建立数据平台的安全操作规范和标准，严谨有效的规则将最大限度地减少高校图书馆之间的矛盾，使平台可以安全顺利地运行。还有必要形成基于高校图书馆联盟的数字资源保护合作制度，为保护高校图书馆联盟提供模板，确保从制度上减少高校图书馆联盟大数据平台的隐藏漏洞。

（2）加强安全监控能力建设

确保大数据平台功能的日常可用性，以及数据监控和出口的性能，并对分配的数字资源进行标准评估，以确保运行的安全性。在为高校图书馆建立高水平数字平台的基础上，在大型数据库中建立必要的安全措施。如果平台的某部分显示安全警报，将出现问题的部分从整个平台隔离起来，能最大限度地保护数据平台的主体安全，同时，组织更新大数据本身的安全标准也很重要，如有异常，必须迅速处理。

（3）增强数据安全防范意识

在大数据为我们带来便利的同时，高校图书馆联盟的工作人员有义务树立数据资源安全意识与责任感。高校图书馆联盟汇聚成的数字化资源将成为知识的殿堂，对这些数据加以合理利用能够对各个学科的发展做出指导、规划，并且对科学技术的发展是有巨大贡献的。

高校图书馆联盟资源共享体系的建立本身就体现了大数据技术能够打破地域、时间、类型限制的优点，通过云技术实现信息的高效互通，并且经过整合的信息数据的可利用价值被大大提高了。利用优秀的数据技术完善高校图书馆平台，可实现高校图书馆数字化服务的优化。在高校图书馆联盟进行数字资源分配时应侧重于三个方面。一是建立一个完整的运行系统。大数据开发是一个有组织、有计划的工程，一套完整的应用程序应以推动数字资源创建过程中所有环节的可持续发展为基础，在具备完善尖端架构的前提下，才能确确实实地做到信息资源的整合。二是创建一套标准的构筑模式。建立各个数据类型的模板，让各种资源互通成为现实，这是资源共享的基础。三是共享平台的意义在于数据的汇集与转移，即数据的流通性，基于大数据技术的平台能实现这种流通性。

第二节　云计算技术在智慧图书馆中的实践创新

云计算的出现改变了人们应用信息技术的模式，同时也改变了整个信息世界的版图。图书馆为了给读者提供更好的服务，也在积极推广云计算技术。

云计算的核心思想就是“服务”，新一代云计算技术的发展趋势就是要满足智慧图书馆建设的需要，就是要为智慧图书馆的建设提供一个切实可行的解决方案。

在智慧图书馆的建设中，云计算技术扮演着重要的角色，只有利用云计算技术，才能为图书馆积累或产生的海量数据的处理和分析提供足够的支撑，为真正实现图书馆的智慧化打下基础。

一、云计算的理论知识

（一）云计算的定义

对于云计算的定义，人们有不同的看法。维基百科上对云计算的解释：云计算是一种新型的网络计算方法，它利用互联网上的异构自主服务，为个体和公司用户提供随需即取的计算服务。美国国家标准技术研究所将云计算定义为“按量收费”的模式，它提供了一个便捷、按需的网络接入方式，并接入一个可配置的计算资源共享池，可以迅速地为用户提供这些资源，而不需要太多的行政工作，或者几乎不需要与服务提供者进行互动。知名的高德纳咨询公司对云计算下了这样的定义：云计算是指通过互联网技术将大量的、可扩展的信息技术功能以一种服务的形式提供给用户。而 IBM 则认为“云计算是一种新兴的信息技术服务交付方式，应用、数据和计算资源能够通过网络作为标准服务在灵活的价格下快速地提供给最终用户”。[①]

云计算是分布式计算（distributed computing）、并行计算（parallel computing）、效用计算（utility computing）、网络存储（network storage technologies）、虚拟化（virtualization）、负载均衡（load balance）等传统计算机技术和网络技术发展融合的产物。它被誉为继个人计算机变革、互联网变革之后的第三次信息技术浪潮，它将带来生活、生产方式和商业模式的根本性改变。

（二）云计算的分类

云计算按所属关系分，可以分为私有云、公有云、混合云、行业云等。

私有云是指单位自己使用的云。一般情况下，单位自己购置服务器等硬件设备以及私有云软件，服务于单位各下属部门或内部人员，单位可自行配置相应设备，并在相应设备上安装应用软件。为了保证安全性，私有云一般安装在有加密设置的主机上或者单位内部设置的防火墙内。通常情况下，一些政府机关单位和大型知名企业比较适合部署私有云。如今，一些规模较大的企业会将所有的数据汇聚到数据管理中心，因此部署私有云是这类企业的最佳选择。

私有云是单位用户在云计算时代演进的一个重要过程。在图书馆等单位内部

① 张海波．智慧图书馆技术及应用[M]．石家庄：河北科学技术出版社，2020．

通过建立基础架构即服务的私有云计算平台，可以实现基础设施层面的信息技术即服务。和公有云相比，私有云具体有以下优势。

第一，对数据和云平台安全性的有效控制。由于是用户自建，硬件等基础设置在本单位的可控范围以内，用户可以对网络、服务器、云计算平台等进行直接控制，进而可对数据安全性和服务质量实现最有效的控制。对一些用户单位来说，业务数据的安全最重要，尤其对政府或一些大型企业来说，数据的安全性非常重要。这些单位用户通过自建私有云平台，把云平台部署在单位网络防火墙以内，或把服务器托管在一个安全的场所，就可以避免数据受其他因素的影响和威胁，这正是私有云在安全方面的优势。

第二，更高的服务质量。因为私有云的硬件设备一般在单位用户的防火墙之内，而公有云需要通过互联网才能访问，所以当单位员工访问那些基于私有云的应用时，不会受到外部网络稳定性的影响。

第三，充分利用现有软硬件资源。有些单位用户的某些系统需要特别的环境，而公有云可能不能及时提供相应的环境，这时私有云就有了优势。私有云由自己单位规划，一个规划良好的私有云可以充分发挥软硬件的资源优势。

第四，信息管理流程不受干扰。信息管理流程是单位发展的核心要素，完善管理流程才能增强单位的凝聚力，因此私有云成为单位的最佳选择，私有云能够确保单位信息管理流程的有效性。

第五，灵活多变的部署方式，这主要体现在两个方面：一方面，单位用户配置了相应设备，可以在设备上部署私有云；另一方面，单位的信息技术部门可以部署私有云，私有云供应商也可以部署私有云。

当然私有云也缺点，与公有云相比，一般情况下，私有云需要更多的技术支撑，扩容和容灾能力较低，成本较高。

公有云通常指第三方提供给用户使用的云，如果把私有云的用户当成房主自住的话，那么公有云的用户就是租户。公有云一般可通过互联网使用，可能是免费或成本低廉的。

与私有云相比，公共云的最大意义在于以较低的价格向客户提供有吸引力的服务，并创造新的商业价值。作为一个支持平台，公共云还可以整合上游服务提供商（如增值业务、广告）和下游终端用户，以创建新的价值链和生态系统。它使客户能够访问和共享基本的计算机基础设施，包括硬件、存储和带宽等资源。

混合云是一种由私有云和公有云形成的混合模式，它既可以用于计算，也可以用于存储，或者是计算与存储兼顾。在公有云和私有云存在种种不足与缺陷的情况下，混合云计算成了一种更好的平稳过渡途径。将来就算用户没有部署混合云，也需要调用内部以及外部的服务与数据。用户也可能将自己所有的业务分散到不同的公有云，不同公有云上的业务需要集中管理，这就是混合云模式。

行业云是指向相关组织、行业或者公众提供云服务的平台，该平台一般是行业内的领军企业或者掌握绝对话语权和优势资源的单位建立和维护的，如地方政府、协会、联盟等组织。

（三）云计算的优势与不足

1. 云计算的优点

采用云计算技术，相对于传统的“服务器 + 存储”等模式，具有更多的优点。

第一，规模大。大多数云计算中心都具有一定的规模，一些大公司或云计算提供商的云计算中心具有超大规模，甚至有的拥有几百万台服务器。一些小规模的私有云一般也在十几台服务器以上。当然，云计算中心可以整合和管理这些服务器集群获得更多的计算和存储能力。

第二，虚拟化。云计算支持用户通过互联网在任意位置使用各种终端获取应用服务。用户使用的资源对用户来说是有形实体，而实际上并不是固定的有形实体。用户的应用在“云”中某处运行，用户无须了解，也不用关心应用运行的具体位置。

第三，可靠性高。云计算平台软件对服务器集群在软硬件层面采用了诸如数据多副本容错、心跳检测和计算节点同构可互换等措施来保证所提供服务的可靠性，相对于服务器模式来说，具有更高的可靠性。

第四，扩展性好。根据用户的需求，可以对用户使用的云资源进行调整和动态扩展。

第五，按需服务。一定规模的“云”是一个资源池，公有云用户可以按需购买，就像购买自来水、电或煤气一样，无须任何软硬件和设施等方面的前期投入，只需通过互联网使用即可。私有云一般由用户自己使用，用户可根据每个应用来扩展或缩减资源，以达到最经济的状态。

第六，自动化程度高。这里的自动化是指云平台对应用、服务和资源的部署以及对服务器、存储设备的管理都可以实现自动化，可以极大地减少数据中心的管理成本。

第七，通用性好。云计算中心一般支持多种操作系统、多种数据库系统、多种应用中间件等，可支持大多数主流的应用。公有云用户可以根据自己的应用需求对服务进行定制；私有云用户可以根据自己的需求进行配置。一个“云”可以支撑多个不同类型应用的同时运行，并保证这些服务的运行质量。

第八，更经济实惠。一是体现在云计算中心本身的可伸缩性配置和大规模集群带来了经济性和资源利用率的提升；二是云计算软件对各种服务器硬件的兼容性使得集群的服务器可以采用一些相对廉价的节点来构建，因此大大节省了部署的成本，部署的低成本势必造成使用价格的低廉，更容易吸引用户使用。

第九，更节能环保。云计算技术可以将分散在低利用率服务器上的许多工作负载整合到云中，以提高资源使用效率。此外，云由专业管理团队运营和维护，因此其电力使用效率远高于普通企业的数据中心。公有云服务商也可以选择将云计算机房建设在水电厂等洁净资源旁边，这样既能进一步节省能源方面的开支，又保护了环境。

第十，运维机制完善。公有云一般有技术水平较高的团队来管理和维护，并且管理流程严格规范，可为云平台的安全以及用户系统的数据提供保障，同时用户无须重金聘请专业人员就可以保障系统的安全。

相对于传统的“服务器 + 存储”等模式，云计算正是由于这些优势的存在，才能为用户提供更方便的体验和更优质的服务，同时这些优点也是云计算能脱颖而出，并且被大多数业界人员所推崇的原因之一。

2. 云计算的不足

除了上述优点，公有云也有一些不足之处。首先是缺乏信任。虽然在安全技术方面，公有云有很好的支持，但是由于其存储数据的地方并不在用户所在地，所以用户不可避免地担忧数据的安全性。其次是对一些环境不太支持，如遗留环境，由于现在公有云技术基本上都是基于 x86 架构的，在操作系统上普遍以 Linux 或者 Windows 为主，而对某些基于大型机的应用项目缺乏支撑。

总之，云计算作为一种新型的信息技术资源供给模式，其依托于强大的计算能力，让数以万计的终端用户无须考虑其所采用的计算技术和访问方法，就可以高效地利用网络与硬件平台的计算能力，实现各种应用。

（四）云计算的架构及服务类型

云计算以给用户提供基于云的各种服务为主，云计算架构包括服务和管理两大部分，其中的服务包含三个方面，分别是服务目录、订阅管理和服务访问。

①用户可以从服务目录中找出适合的云计算服务类型。

②利用订阅管理用户获得管理权限，可自行查看或退订订阅的服务。

③在服务访问中可以找到云计算服务层次的接口，远程桌面是云计算服务资源层的访问接口，网络可能是云计算服务应用层的访问接口，用户访问层辅助用户使用云计算服务，云计算服务中每一个层次的访问接口都是必不可少的。

根据提供的服务水平，可以将云计算技术划分为三类。第一类是基础架构即服务（IaaS），是虚拟的数据中心，它把分散在许多电脑和存储设备上的计算资源和存储资源聚集在一起，形成一个虚拟的资源池，按照用户的需要，为用户提供有偿或无偿的服务。第二类是平台即服务（PaaS），开发商可以使用它的开发环境、应用运行环境、数据库环境，它通过互联网向用户开放。第三类是软件即服务（SaaS），SaaS将应用程序通过浏览器提供给使用者，并收取一定的费用。用户可以在互联网上使用该软件，减少了采购服务器、软件的费用，同时也减少了系统的运行维护费用。许多SaaS也提供了开放的API，允许开发者开发更多的互联网应用。

从使用者的观点来看，由于三个层次所提供的业务性质迥异，面向的对象也各不相同，所以三个层次的服务之间的关系是相互独立的。但是，在技术层面上，这三个层次的关系具有一定的关联性。

从商业模式来看，在IaaS的商业模式下，公有云提供的服务类似于将一栋建筑物分成若干房间，收取租金租给客户使用；在PaaS的商业模式下，公有云提供的服务类似于将房间设置成健身房，客户自己安排健身教练，依然由公有云收费；在SaaS的商业模式下，公有云提供的服务类似于将房间设置成健身房，公有云自己安排健身教练，向客户收费。如果客户自己收购整个建筑物，由私有云改建成健身房，并将管理权一并交给私有云，客户向私有云支付改建费和管理费，这样的模式就是私有云模式。

1.IaaS

基础架构或称基础设施，是云的基础。基础设施主要包括网络系统、存储设备、服务器、虚拟化技术。公有云的用户在使用IaaS时，用户并不实际控制底层基础架构，而是控制操作系统、存储和应用程序，还在有限的范围内控制网络组件的选择。用户只需为其所租用的那部分资源付费，而同时这些基础设施烦琐的管理工作则交给IaaS供应商来负责。

云计算IaaS概念标志着从“基础架构即资产”到“基础架构即服务”的转变，这是一种思维方式的转变。云计算的其他两个类别也标志着范式转变。对于PaaS，转变来自“平台即资产”范式，该范式的特征是具有大量采购许可。同样的转变也适用SaaS，这种转变是从“软件以许可形式作为组织资产”到“软件以服务形式提供”。

IaaS 最与众不同的两个方面：可伸缩性和虚拟化。

①可伸缩性。可伸缩性是 IaaS 的最重要的特征。用户可根据自己的实际需要自动独立地单方面配置计算功能（如计算时间、网络连接和存储），而无需与每项服务的提供商进行人员交互。由于使用 IaaS，用户对云平台拥有的控制权更多，所以用户可以自由分配云计算和存储能力，将更多的服务器实例副本添加到集群中，为用户完成比较大的项目，如大数据分析提供了方便。

②虚拟化。虚拟化技术主要实现了对底层物力资源的抽象，使其成为一个个可以被灵活生成、调度、管理的基础资源单位。而要将这些资源进行有效的整合，从而生成一个可统一管理、灵活分配调度、动态迁移、计费度量的基础服务设施资源池，并向用户提供自动化的基础设施服务，就需要 IaaS 管理平台。

IaaS 的根本目的在于计算资源的池化，以及统一的、智能的（如按需）管理调度。计算资源的池化，也就是把所有的资源放在一个大池子里并按照较小的单元进行管理。IaaS 把众多的物理资源进行划分和重组提供给用户，其具体管理的物理资源可以分为三大类：计算资源（中央处理器加内存）、存储资源和网络资源。

2.PaaS

PaaS 就是把一套完整的软件开发与开发平台，包括应用程序设计、应用程序开发、应用测试、应用托管等一系列功能提供给用户。它允许用户通过提供商所支持的编程语言和工具将其应用部署到云端。使用者将不再需要对基础设施进行管理和控制，相反，他们可以控制已部署的应用，并对其所在的环境进行配置。

在这种服务模式中，客户不需要购买硬件和软件，只需要利用 PaaS 平台，就能够创建、测试和部署应用和服务。与基于数据中心的平台进行软件开发和部署相比，采用 PaaS 的成本和费用要低得多。

大致来看，PaaS 的实现分为两种：以虚拟机为基础或是以容器为基础。

以虚拟机为基础的 PaaS，首先是负载均衡层（ELB），该层需要将用户的请求投射到对应的服务器实例；当应用实例出现扩容时，需要将调整的服务器实例注册到对应的域名上，以完成分流；中间是网络服务器层，一般支持 Java、Python 和 PHP 等多种编程语言。

以容器为基础的 PaaS，相比于虚拟机，带来的系统开销非常低。如果一台虚拟机的操作系统需要占用 2G 的内存，则七个虚拟机所组成的集群只是操作系统就需要占用 14G 的内存。所以，从经济性来说，容器的技术远远好于虚拟机。

另外一个比较的指标是性能，容器的性能相对而言更好一些。但是，从安全性和隔离性来说，虚拟机是远远好于容器的。

PaaS 的两大业务优势是降低成本、提高开发和部署速度，用户只有在需要时才租用计算资源。

在软件开发过程中，和现有的基于本地的开发和部署环境相比，PaaS 平台主要有下面六方面有非常大的优势：成本低、开发环境好、应用层管理和监控非常精细、伸缩性强、自带多租户机制、多样的服务等。

3.SaaS

有人把 SaaS 称为软件运营，它是一种基于互联网提供软件服务的应用模式，可为商用软件提供基于网络的访问。当用户使用传统的软件工具时，除了需要购买软件，并且还需要支付构建和维护用户自己独立的信息技术硬件设备的费用。而 SaaS 模式的出现为企业提供了另外一种解决方案。借助 SaaS 平台，用户只需通过网络注册使用账号并在自己设备上进行一些简单的设置，即可以启用 SaaS 平台上的软件服务以及通过互联网使用共享的基础设备。从而大大地节省了用户的成本。

对 SaaS 软件厂商来说，主要通过四个因素提高投资回报率（ROI）：部署速度快、受众率高、减少支持的需要、低成本。

①部署速度快。在公有云场景使用 SaaS，用户无须购买软硬件、建设机房、招聘信息技术人员，即可通过互联网使用信息系统，就像打开自来水龙头就能用水一样，节省了部署的时间。

②受众率高。SaaS 一般提供多种业务和服务模式供用户选择，这样可以满足不同用户的需求。一些服务或软件的收费模式也灵活，如按天、按月收费等。

③减少支持的需要。一些用户需要多平台技术的支持，如果自己部署势必需要更多的技术成本，而 SaaS 则能在很大程度上解决这一问题。首先，简单的部署使得开发者可以在发现错误后迅速解决，这样就可以增加用户的满意度，减少用户的流失。此外，传统的桌面软件开发者往往需要同时支持多个平台。

④低成本。SaaS 模式实质属于信息技术外包。用户无须购买软件许可证，而是以租赁的方式使用软件，不会占用过多的营运资金，从而缓解企业资金不足的压力。

4. 云计算的管理层

云计算的管理层是为 IaaS、PaaS、SaaS 服务的，并给它们提供多种管理和维护等方面的技术，主要有以下几个方面。

①安全管理。利用信息安全技术对云计算平台的数据、应用和账号等资源进行全面的保护，使其免受黑客攻击和恶意程序的侵害。

②服务管理。对云计算平台提供给用户的服务进行监控和管理。

③资源管理。对整个云计算平台以及每个用户拥有的硬件资源、网络资源、计算资源等进行监控和管理。

④容灾支持。在虚拟机宕机、数据丢失等灾难事故发生时，能够及时恢复数据并正常运行。

⑤客户支持。通过多种方式和用户及时保持联系，对用户提出的问题及时反馈或解答。

二、云计算的支撑技术

（一）系统虚拟化

系统虚拟化是指将一台物理计算机系统虚拟化为一台或多台虚拟计算机系统。每个虚拟计算机系统（简称虚拟机）都拥有自己的虚拟硬件（如中央处理器、内存和设备等），来提供一个独立的虚拟机执行环境。这个提供虚拟机运行环境的虚拟化层被称为虚拟机监控器（virtual machine monitor，VMM）。

经过虚拟化层的模拟，对用户来说，虚拟机中的操作系统仍然自己独占一个系统运行，每个虚拟机中的操作系统可以相同也可以完全不同，并且这些虚拟机的执行环境是完全独立的。

虚拟机可以看作物理机的一种高效隔离的复制。虚拟机具有三个典型特征：同质、高效和资源受控。VMM 对物理资源的虚拟可以归结为三个主要任务：中央处理器虚拟化、内存虚拟化和输入／输出虚拟化。按照 VMM 提供的虚拟平台类型可以将 VMM 分为两类：完全虚拟化和半虚拟化。当前主流的虚拟化技术实现结构可以分为三类：管理程序模型、宿主模型和混合模型。

（二）虚拟化资源管理

虚拟化资源管理是云计算中最重要的组成部分之一，虚拟化资源管理就是实现对虚拟化数据中心资源池中的物理服务器和虚拟机的统一管理、监控、调度。

云计算虚拟化资源的管理水平直接影响其可用性、可靠性和安全性。主要功能如下。

①物理服务器管理。资源纳管，信息获取，清单查询、配置和管理。

②虚拟机管理。生命周期管理，配置，部署，快照。

③资源部署调度。集群管理，资源分配，资源动态增减，资源绑定，资源优先级管理，调度策略管理，故障切换，网络切换，节能管理。

④模板管理。镜像管理。

⑤监控与告警管理。物理服务器资源监控，虚拟机监控，操作系统监控，日志检测，告警管理。

（三）分布式数据存储

分布式数据存储技术包含结构化数据存储、半结构化数据存储、非结构化数据三种数据的存储。

结构化数据是指可以使用关系型数据库表示和存储，表现为二维形式的数据。一般特点是数据以行为单位，一行数据表示一个实体的信息，每一列的数据属性是相同的，如文本、数字等都是结构化数据，这些数据都可以直接保存在关系数据库系统中。

半结构化数据不符合关系型数据库或其他数据表形式关联起来的数据模型结构，但包含相关标记，用来分隔语义元素以及对记录和字段进行分层。因此，它也被称为自描述的结构。常见的半结构数据有 XML 和 JSON。

结构化数据存储主要采用分布式数据库技术；非结构化数据存储主要采用文件存储和对象存储技术；而由于半结构化数据没有严格的 schema 定义，所以不适合用传统的关系型数据库进行存储，适合存储这类数据的数据库被称作“NoSQL”数据库。

NoSQL 是对不同于传统的关系数据库的管理系统的统称。两者存在许多显著的不同点，其中最重要的是 NoSQL 不使用 SQL 作为查询语言，其数据存储可以不需要固定的表格模式，也经常会避免使用 SQL 的 JOIN 操作，一般有水平可扩展性的特征。

（四）并行计算模式

由于自然界中的万事万物都处于并发状态，并按照其内在时间序列运行着，所以和串行计算相比，并行计算更适用于对现实世界中的复杂现象进行建模、模拟和理解。

云计算下的并行处理则需要考虑以下关键问题：任务划分，使得任务能更加优化地被分解和并行执行；任务调度，操作尽量本地化，以保证在网络资源有限的情况下最大限度地将计算任务在本地执行，减少通信开销；自动容错处理机制，保证在结点失效的情况下任务仍然能够正确地执行。

（五）人机交互技术

所谓人机交互（human-computer interaction，HCI），狭义地讲，人机交互技术主要研究人与计算机之间的信息交换，主要包括人到计算机的信息交换和计算机到人的信息交换两部分。

随着云计算的逐步普及，浏览器不仅是一个浏览网页的工具，还是用户与云平台进行交互的主要工具。浏览器与云计算的整合技术主要体现在两个方面：浏览器网络化与浏览器云服务。

（六）运营支撑管理

为了保证数以万计的服务器能够稳定、高效地运行与管理，云计算服务商必须采取相应的对策。首先，必须设计一套有效的服务体系结构，保证服务器之间的通信与资料传送效率。其次，云计算服务商希望通过使用自动化的管理手段来简化对服务器的管理与维护。这些工具能协助管理员自动化作业与部署应用程式，并设定服务器的参数。最后，在云计算环境下，必须有效地保障用户信息的安全与隐私。通过上述策略的执行，云计算服务商能够为用户提供稳定、高效的云计算服务，进而赢得用户的认同与信赖。

三、云计算技术在图书馆中的应用

随着数字图书馆建设取得巨大成就以及智慧图书馆建设的推进，出现了图书馆信息系统数据海量增长、数据种类繁多且结构复杂、磁盘设备存储能力有限等问题，这时传统技术很难满足对数据的备份、扩展和恢复的需求。从技术上来看主要表现在以下三方面。

①图书馆信息资源海量增加。尤其是采用了门禁系统、监控系统、RFID 系统以后，数据更新频繁且变化无常，对图书馆现有的数据管理、备份、存储等提出了挑战。

②有些图书馆的信息技术基础设施比较落后。在服务器、存储及备份系统等基础设施更新改造时，可以考虑私有云建设，发挥云计算在建设方面费用少的长处，更好地为图书馆提供服务。

③读者对信息服务的需求日益提升。这就要求图书馆的信息网络资源要保证读者可以从任何地点、任何设备接入服务和数据，同时要做到信息共享更加容易和方便，信息更新更加及时，信息利用更加简便。

按照云计算提供者与使用者的所属关系，可将云计算分为四类，即公有云、私有云、混合云和行业云，而这四种云计算模式在图书馆中都有应用。图书馆利用的云计算模式大致可分为：公有云模式、独立或总分馆私有云模式、混合模式、行业云模式等。

（一）公有云模式

图书馆把数据或信息系统放在云服务商提供的“云”上，通过互联网对数据或信息系统进行管理，这在公有云的应用案例中是非常常见的。例如，百度云和腾讯云能够分别搭载推荐书目、电子资源目录检索、订阅、电邮、论坛等业务。要在哪个云端上提供服务，就要看具体的应用了。

这种模式适用于一些小规模的图书馆，或者图书馆的一些不太敏感的信息系统或数据。对于那些不希望建立和维护自己的基础设施和应用程序的小型图书馆来说，这是一种很好的选择。该模式采用按小时计费的方式租赁虚拟机，极大地降低了图书馆的信息技术费用支出。

（二）独立或总分馆私有云模式

现阶段图书馆采用的最为典型的模式应该是独立或总分馆模式。独立私有云模式没有分馆，而总分馆私有云模式在有分馆的情况下使用，例如，一个高校可能有几个校区的分馆，一个市级的图书馆有一些县区级的分馆。

此种模式下，总馆提供云服务，并承担中心控制职能和一些其他业务职能。在云服务的使用方面，总馆和分馆都有使用权，将所有与图书馆相关的业务上传的云服务平台，总馆的云服务平台为资源服务系统和业务支持系统提供云服务，在云计算平台的支持下，总馆中的数字资源可以被整合、挖掘、分析、处理，各个分馆以馆内网为依托实现互联互通，分馆之间可以共享数字资源、互借电子书籍，分馆之间的工作人员也可以随时随地进行工作交流、业务往来。这种总分馆模式中，总馆提供的是私有云服务，而对分馆来说，在某种层次上算行业云的服务。

（三）混合模式

混合模式是指图书馆一方面利用一个或多个云计算提供商提供公有云服务，

另一方面还在本地构造私有云服务。利用混合模式，可以把一些信息系统，如目录服务、馆际互借、联合咨询、联机编目、软件共享等放在公有云上，这样对互联网用户来说，访问的速度会更快一些，同时也节省了私有云的建设成本。另外对一些处理海量数据的大数据系统可以放在私有云上，方便对这些数据进行分析和处理。

（四）行业云模式

行业云模式是指图书馆行业联合起来组成行业联盟，各个图书馆提供自己的资源，由联盟组织进行统一的管理，向联盟馆提供统一的服务。

截至目前，很多图书馆经常使用的还是第二种模式，例如，很多高校图书馆采用了云计算技术，建立了自己专属的私有云。将云计算与互联网技术相结合，应用于智慧图书馆可为其提供各种模式的决策支持。用户层（IaaS 层）和云服务层（PaaS 层）以及资源层（SaaS 层）是智慧图书馆中云服务平台的三个层次，其中，资源层是各种纸质资源和数字资源，以及其他数据库和电子资源，这些资源是由图书馆所拥有的；用户层主要由中央处理器、存储、网络构成的实体层以及由应用、计算、服务器虚拟化等组成的虚拟化层构成；云服务层负责对图书馆各类资源进行分类、存储和发布，为用户提供高效、个性化的服务，云服务层直接运行信息和应用系统，直接面向读者服务。

四、私有云在图书馆中的应用

一般情况下私有云架构有两种，一种是先虚拟化再集群；另一种是先集群再虚拟化。前者要建立虚拟机的集群，需要的服务器数量少，软硬件均有高可用性，缺点是部署及配置管理复杂，空间可能会造成浪费；后者是先将虚拟主机建立集群，虚拟机运行在集群上，这样硬件不仅可达到高可用性，存储空间也可按需分配，部署及配置管理相对比较简单，缺点是所需服务器数量多，软件无法达到高可用性。

在图书馆私有云方面，虽然很多图书馆建立了自己的专属私有云，但总体来说，相应的公开发表的文献不是很多，主要原因可能是图书馆把云计算底层的事务交给了云计算提供商来处理，而图书馆的技术人员更多关注的是应用层面和使用层面，而这正体现了云计算在图书馆应用方面的优势。

五、云计算的安全问题

私有云模式的部署方式可根据自身单位的情况灵活运用，因此比较受青睐。目前，很多高校图书馆或公共图书馆都建立了自己的专用私有云。私有云的安全涉及很多的技术，也涉及很多的方面，以下分别从私有云存储的安全、私有云数据的安全两个方面对私有云的安全问题进行论述。

（一）私有云存储的安全

影响图书馆私有云存储的安全因素主要有以下四方面。

1. 网络安全

网络安全是指黑客利用网络层对云存储及设备进行攻击，从而造成服务器无法访问或数据安全事故。有时这些事件是灾难性的，会对图书馆的系统服务造成极为恶劣的影响。因此，图书馆一定要重视网络安全，从路由器、交换机、服务器等层面把好安全关。

2. 服务器运行安全

私有云的架构一般由多个服务器集群来组成，服务器的稳定运行是云存储的前提。造成服务器不能稳定运行的因素如下。

①信息堵塞可能导致服务器故障。服务请求超过带宽限制，或者超过最大响应限制，造成信息堵塞。

②信息残缺也可能导致服务器故障。信息残缺包括信号接收不全或信号传播不稳定。

③机房环境的配置，如通风条件、防火条件、空调等，这些外在因素也有可能影响到服务器的稳定性。

④黑客或竞争对手对服务器的恶意攻击，或者植入一些病毒等，都会大大影响服务器的正常运行。

⑤服务器本身的硬件故障。如内存、硬盘故障，网卡故障等。

⑥系统软件、私有云软件等在服务器上的设置是否合理以及各组件之间是否相互融合，都会对服务器的稳定运行造成影响。

⑦不可抗力，如战争、地震、洪水等。

3. 访问对象控制安全

访问控制是指根据用户身份信息对其使用的数字资源加以控制。一般来说，系统管理员可以使用访问控制来限制一些用户超出权限的访问行为，如访问图书目录、服务器、内部文件。访问控制保证了系统内部的安全性、可靠性、完整性以及合法使用性，有助于保护网络资源和上网安全，图书馆设置访问控制也是馆方授权用户访问资源的一种策略。

图书馆私有云环境中，各个应用系统属于不同的安全管理域，它们各自管理着本地的资源和用户，想要实现跨系统就需要制定全局的访问控制策略。访问控制是信息安全保障机制的核心内容，可以用来保证数据的保密性和完整性。它用来限制主体对客体的访问权限，指定用户可以访问哪些资源以及对这些资源进行哪些操作。随着数据量增多，需要处理的信息数据不断增多，对用户权限的管理任务将变得十分繁重，安全隐患也会降低系统的安全性和可靠性。

4. 系统管理员操作安全

私有云存储作为一个新型的存储系统，在使用便利的同时，也对系统管理员的技术和管理水平提出了新的要求。系统管理员应该熟练掌握私有云系统的基础架构、系统操作管理、系统应用管理、用户服务与管理、安全管理、预警系统管理等方面的知识和技术，并且要严格执行信息安全、云计算管理方面的安全管理规范、方案和预案，杜绝误操作，提高云存储系统防范攻击的能力。

（二）私有云数据的安全

数据安全是私有云的重要内容。数据安全需要考虑网络的安全、服务器的安全、私有云存储的安全、私有云平台的安全等因素。

1. 数据的保密性

数据的保密性是指图书馆要严密控制每个可能造成数据泄密的环节，使数据在产生、传输、处理和存储的各个环节中不泄漏给非授权的个人和实体。图书馆数据保密性体现在两个方面，一是用户信息的保密性；二是一些珍贵文献资料的保密性。用户信息一般包括姓名、借阅信息等数据，甚至还有身份证号码、住址、手机号码等隐私信息。

用户信息和珍贵文献资料泄露可能的原因：一是提供私有云的服务商在数据的安全控制上缺乏完善的安全管理机制，或者私有云软件平台本身有安全漏洞；二是数据信息没有加密措施，很有可能在存储或传输过程中被网络黑客窃取；三是图书馆工作人员或者供应商手中掌握着数据资源，人为地造成数据泄露。

2. 数据的完整性

数据的完整性是指数据的精确性和可靠性。它是为防止数据库中存在不符合语义规定的数据和防止因错误信息的输入输出造成无效操作而提出的。为了提供正常的服务帮助用户顺利地完成图书检索，图书馆应想方设法将完整的数据保存下来。云计算服务为图书馆提供了资源共享功能，这可能成为黑客窃取资源的手段，黑客利用资源共享功能攻击图书馆数据库，使用特殊手段窃取或删除重要数据，甚至盗取用户信息进行交易。一些未加密的数据在通过互联网分享传输时就可能被第三方截获和监听。

3. 数据的可用性

数据的可用性是指图书馆要保证数据确实能为授权用户所用，即保证合法用户在需要时可以使用所需的数据。图书馆要保证授权用户按需使用数据，并且及时存取和访问，避免出现延时和拒绝服务等故障。图书馆要加强数据的授权管理工作，严格授权范围，避免错误的授权、非法的授权。另外要防止黑客对数据的篡改和删除。

在大数据和人工智能技术不断进步的时代，云计算经过多年的发展，已然不再只是一个概念，而是实实在在地成为新技术、新应用的基础架构。

云计算的出现可以很好地解决图书馆面临的种种困境，如云计算可以提供海量的存储和计算资源；可以让图书馆在互联网平台上更经济地运营服务，而且使服务更加敏捷、随需应变；可以提供更加完善的人机交互功能，更加多样的信息服务，从而提高图书馆的信息服务质量和效率。从图书馆当前的困境和云计算的优势可以看出，图书馆具有对云计算的现实需求。

云计算的目标是提供服务。IaaS 对硬件资源进行了抽象，PaaS 对运行时进行了抽象，SaaS 对软件进行了抽象，从而更加合理地利用硬件和计算机的软件资源。抽象并不代表不存在了，只不过对使用者来说，云计算提供的服务是个黑盒，服务内部对使用者是透明的，使用者不再需要去关心服务范畴内的事情了。

图书馆作为云计算技术的终端用户或实践者，根据图书馆的实际需要或某个信息系统的需要选择公有云、私有云、混合云，甚至参与行业云建设。在图书馆数据海量增加、信息系统越来越多的时代，选择云计算技术是提高管理和服务水平的必由之路，是图书馆实现智慧化的基础。同时，云计算的安全也要特别关注。

第三节　物联网技术在智慧图书馆中的实践创新

一、物联网的理论知识

（一）物联网的概念

在信息技术产业第三次革命中的传媒领域出现了物联网（internet of things，IoT）一词。物联网是指利用信息传感设备和网络技术，将各种物体与人连接起来，通过信息传播媒介进行信息交换和通信，以实现智能化识别、定位、跟踪、监管等功能。它可以帮助人们对物体进行更智能化的管理，提高人们的生产效率和生活品质。

（二）物联网的基本功能

根据物联网的诸多特点，依据当前社会主流的看法，参照各类行业对物联网的描述，按照信息传输的过程，逐一梳理出物联网的各种基本功能。

1. 获取信息的功能

获取外界事物信息是物联网的基本功能之一，利用各种识别技术采集物理空间内各种物品的信息，将收集到的物品信息以某种形式呈现出来，方便用户及时接收信息。

2. 传送信息的功能

物联网将采集的信息发送或传输至下一个节点，在物品移动或运输过程中，其信息会发生变化，将变化的信息及时传输到下一个时间点或空间点，保证信息的时效性。

3. 处理信息的功能

物联网还具有处理信息的功能，处理过程即加工信息的过程，在此过程中将已获取的信息更新为新的信息。

4. 表达信息的功能

物联网以各种形式表达出信息的过程，也是信息发挥实际作用的过程，为了保证信息的有效性，可采取一定的措施，如对事物的状态进行及时调整，或者改变表达方式。

二、物联网的基本结构

由于物联网的异构需求，物联网需要一个开放的、可扩展的、分层次的基础设施网络。物联网的基本结构大概分为三个层次：感知层、传输层和应用层。

（一）感知层

人类利用视觉、嗅觉、味觉、听觉和触觉来感知世界万物的变化，而物联网的“五官”和“皮肤”就是感知层，物联网通过感知层获取外界信息、识别物体。感知层连接了人的世界和物的世界，人与物之间的信息传递依靠的是物联网的感知层，感知层利用智能传感器和识别扫描设备获取物品信息，然后通过 RFID、二维码、蓝牙、红外线等短距离传输技术传递数据。物联网的感知层是物联网技术发展与应用的关键，在感知层实现了对目标信息的获取，实现了智能化的控制。感知层所需要的关键技术包括 EPC 技术、RFID 技术、智能传感器技术。

1.EPC 技术

EPC 技术所针对的编码对象非常独特，并且与互联网相连。在 EPC 中，编码技术是最重要的，这种代码可以标识独立项目。阅读器可以通过 RFID 系统读出 EPC 标签的信息。EPC 技术具有独特、简单、可扩展、机密和安全等特点。

2.RFID 技术

RFID 技术是无线射频识别技术的简称，是一种自动识别技术，此项技术被各界专家称为 21 世纪最具发展潜力的信息技术之一。该技术主要包括读取装置、数据处理装置、射频识别标签。利用无线射频识别技术能够对特定信息进行高效的读写，对于实时追踪目标、实现目标的有效管理具有重要意义，无线射频技术也因此广泛应用于各个领域。RFID 的特点是，每一种 RFID 编码都是唯一的，这样就可以很容易地实现 RFID 系统的识别和管理。

3. 智能传感器技术

传感器网络能够采集物品的相关信息，在物联网中是不可或缺的一种技术，智能传感器是一种能够对信息进行处理的智能化传感器。采用微型处理器进行信息采集、处理和交换，将传感器的集成化和微型处理器有机地结合在一起。与普通传感器比较，智能传感器有三大优势：利用软件技术可以获得较高的测量精度，且造价低廉；具备一些自动程序设计能力；智能传感器可以存储探测到各类物理量，然后根据指令对其进行加工，产生新的数据。智能传感器可以相互交换信息，能够自主地确定需要传输的数据、删除异常数据、分析数据等。

（二）传输层

物联网中的传输层是介于感知层与应用层之间的中介层。传输层的作用就是把从感知层得到的数据准确地传递给应用层。传输层可以进一步划分为接入网络、承载网络和汇聚网络三个部分。

1. 汇聚网络

Zigbee 技术是一种无线通信技术，适用于低速率、短距离的情况，宽频带传输距离达到一千米，并且功率消耗很低。蓝牙技术是一种允许用户在手机、iPad、蓝牙、耳机电脑等设备间短距离传输文件的无线通信技术。超宽带通信具有操作简单、传输速率低等优点。科技能简化通信，让信息更高效地利用网络传输，让资料传送更方便。

2. 接入网络

物联网中存在多种接入方式，并通过不同的网关设备来实现。采用统一接入的通信网既要满足各种接入需求，又要实现信息的转发、控制等功能。目前比较常见的有 6LoWPAN、M2M 以及 Full IP 融合等技术。

3. 承载网络

无线通信网络是建设物联网的基础技术，它可以帮助物联网实现信息传输和共享，并利用通信设备将其转化为各种类型信息。信息传输时期携带大量信息，信息之间的差异性较小。

（三）应用层

应用是物联网发展的驱动力和目的。应用层的主要功能是对感知和传输来的信息进行分析和处理，做出正确的处理和决策，实现智能化的管理、应用和服务。这一层解决的是信息处理和人机交互的问题。传输层传输而来的数据在这一层进入各行各业的各种类型的信息处理系统，并通过各种设备与人进行交互。

应用层位于整个体系的最上层，是物联网架构中的关键结构。应用层主要包括服务支撑层和应用子集层。服务支撑层的主要功能是根据底层采集的数据形成与业务需求相适应、实时更新的动态数据资源库；应用子集层的主要功能是对感知和传输来的信息进行分析和处理，做出正确的处理。

三、物联网技术在各个领域的应用创新

（一）在医疗领域的应用创新

将物联网技术引入医疗领域，对智慧医疗具有重要意义。当前，医药卫生体制改革处在一个非常重要的阶段。随着物联网技术的发展，医疗设备管理、医疗服务、药品管理、网络医疗等各个领域都将发生巨大的变化。物联网在上述领域的应用是改善医疗服务质量的有效途径。利用物联网技术，可以对病人进行实时的数据传送和处理等。此外，还可以实现多家医院间的信息共享，为建设卫生保健网络体系提供了有益的借鉴。

（二）在物流领域的应用创新

伴随着电子商务的迅猛发展，物流也在人们的网络购物过程中发挥着重要作用。要更好地满足用户的需求，就必须应用物联网技术。在购物过程中，卖方与买方之间的商品流转广泛地应用到物联网技术。物联网技术能够有效提高物流的管理水平。

当前，我国物流行业信息共享仍不够完善，物流公司内部也缺少能够快速高效地满足顾客要求的信息技术系统解决方案。所以，需要将物联网技术应用到实际工作中，物联网技术的运用可以实现对物流商品的实时跟踪，减少一些不必要的流程，实现智能化的物流配送，商品配送费用大幅降低，商品配送效率显著提高。

（三）在节能减排中的应用创新

目前，物联网已经成为业界关注的焦点。利用物联网技术实现节能减排，是当前科研领域的研究热点。目前的物联网技术仍有进步空间，在未来一定会是一个热门的研究方向。将物联网技术应用到节能减排系统的设计与实施中，涵盖多种高新技术。

首先，电能计算方式被改变，物联网将采集的电力信息存储起来，通过网络发送给用户，形成一种新的能源管理模式。物联网采集电能数据，并把这些电能存储到后台。

其次，物联网节能减排系统在为用户发送用电量提示信息时，采用了多样化方式，基于物联网技术的节能减排系统除了采集用户耗电总量数据，还记录了每个电器的耗电量，并以图表的形式呈现给用户，用户得到了直观且详细的耗电数据。

最后，物联网节能减排系统可以为用户提供反馈信息服务，帮助用户节约用电。

四、基于物联网技术的智慧图书馆

智慧图书馆是一个全面、开放的图书馆，它既是一个学术资源丰富的信息库，又是一个功能完善的活动场所，是一个高效率、低能耗的智能管理中心。物联网中的数据获取终端（计算机、移动电话等）具有功能强大的计算能力、通信能力和存储能力，与之相连的红外传感器、激光扫描仪等能够及时地对各种类型的纸质文档进行处理。智慧图书馆的特点是互通、广泛、互联：移动设备利用互联网技术和物联网技术采集数据，并将数据转换成相应的格式上传到图书馆的数据管理中心。

融合了物联网技术的智慧图书馆，管理功能与服务更智能化：无人值班的安全管理，自动排架与盘点；书籍自动定位系统；温湿度报警系统以及各个学科馆的导航定位；等等。在智慧图书馆中加入物联网技术能够实现“感、知、联、控”四大功能。智慧图书馆不但可以极大地改变传统图书馆的应用结构，还可以改变图书馆的服务方式，让管理者与读者可以通过互联网准确把握各种图书信息。在“感”的帮助下，分布在图书馆各处的传感器节点获取了应用目标的信息，并对其进行了分析和组织，通过传感器网络将其传送到了信息管理系统中。在用户需要某一本书时，感应节点通过智能终端系统对用户进行指导。融合了物联网技术的智慧图书馆在实体空间中添加了许多智能设备，如读者只需轻轻一碰，就能看到一张满屏的报纸，这就是电子阅报器。持有图书卡的人可以在任何时间、任何地点登陆数字图书馆进行阅读。

智慧图书馆除“网上书屋”外，还设有影音视听等多个阅览室，读者可以根据自己的需求选择各种功能的阅览室。如今，通过网络技术，数字图书馆可以实现资源共享，但是和智慧图书馆相比，仍然不够智能化，智慧图书馆的每一本图书都配置了感应设备，能够单独寻址，所以，不同图书馆之间的书籍也可以相互感应，让读者可以通过感知的结果轻松快捷地找到自己想要的图书。融合了物联网技术的智慧图书馆还可以进行电子书籍与馆内纸质书籍之间的信息互动与甄别，读者获取知识的形式更加多样化，在图书检索方面为读者节省了时间。

从实际情况出发，要使物联网技术的作用在智慧图书馆中得到最大限度的发挥，应用成本是值得思考的问题。一般来说，图书馆中的文献资源浩如烟海，管理方面需要投入大量的人力、物力，再加上建立大型的网络系统和添加其他电子设施，就需要花费大量的资金。另外一个问题是，物联网携带了海量的数据，对用户的各类信息具有追踪作用，因此也有泄露用户隐私的风险。在建设物联网技术支持下的智慧图书馆时，也应考虑保护用户隐私的问题。

无线传感器网络是物联网的重要组成部分，通过短距离通讯，可以对电子媒介所生成的数字信号进行传输，但其中的若干关键技术尚未得到解决，例如，基于光纤的近程通信方式，其中许多解决方案尚未完善，从而极大地制约了智慧图书馆的建设与发展。然而，当前的云计算技术还面临着诸多问题，因此，在智能图书馆中，需要对信息处理技术、通信技术、接口传输技术进行全方位的整合。目前，缺乏规范是物联网技术发展中的一个难题，同时也存在着产品创新缓慢、服务质量不高等问题。

五、NFC 技术在智慧图书馆中的实践应用

（一）NFC 技术概述

近距离无线传输（near field communication，NFC）和 RFID 类似，是一种短距离无线通信技术标准。和 RFID 不同的是，NFC 采用了双向的识别和连接。在 20cm 距离内工作于 13.56MHz 频率范围，NFC 能快速、自动地组建无线网络，为蜂窝设备、蓝牙设备、Wi-Fi 设备提供一个“虚拟连接”，使电子设备可以在短距离范围进行通信。NFC 的短距离交互大大简化了设备之间的认证识别过程，使电子设备间互相访问更直接、更安全和更清楚，听不到各种电子杂音。使用 NFC 在单一设备上组合所有的身份识别应用和服务，帮助解决记忆多个密码的麻烦，同时保证了对数据的安全保护。NFC 技术可使多个设备，如数码相机、PDA、机顶盒、电脑、手机等之间实现无线互连、交换数据或服务。此外，NFC 还可以将其他类型的无线通信（如 Wi-Fi 和蓝牙）“加速”，实现更快和更远距离的数据传输。

NFC 技术的连接与识别是双向的，任何两台 NFC 设备在没有任何线缆的情况下，都能够彼此进行通信，设备之间可以实现内容访问、信息传递和互相服务。

NFC 有卡模拟、点对点、读卡器三种工作方式。在使用卡模拟方式的时候，NFC 装置就是一个被读取装置，它就像一张使用了 RFID 技术的集成电路卡一样，可以用来进行身份认证，也可以将它看作一张身份证；当使用点对点方式时，类似于红外线、蓝牙的功能，两个 NFC 装置互相靠近就可以在很短的时间内进

行连线，实现信息传递；在使用读卡器方式的情况下，NFC 装置就是一个读取器，可以通过 NFC 芯片读取数据。

NFC 应用类型很广泛，例如，在金融支付领域与手机钱包配合进行日常支付；在交通领域实现公交一卡通解决方案，在广告领域可记录读取的次数；在图书出版领域，目前有厂商推出的 NFC 图书集成了八个芯片，通过 NFC 设备读取可以浏览多媒体。

虽然 NFC 技术的应用无非卡模拟模式、点对点模式、读卡器模式三种工作模式，但三种模式能衍生出千变万化的应用。另外，NFC 本身只是技术，在 NFC 逐渐升级为手机标配的情况下，在任何可以应用的领域，该技术都有望超越蓝牙、红外线等手机功能。

（二）NFC 技术在智慧图书馆中的具体运用

1. 身份识别

利用 NFC 技术，图书馆中的门禁设备和借还设备可以使用带有 NFC 功能的手机进行身份识别，因为手机的 NFC 功能在卡模拟模式时，其本身就相当于一张身份证号唯一的卡片，对读者的身份进行绑定，就可用于身份的识别。当然，该功能也可以用于校园一卡通，完成如吃饭、校内消费等服务。

2. 支付功能

图书馆需要用到支付功能，如书籍的超期罚款，资料的打印、复印，以及其他在图书馆的消费等。当读者卡绑定 NFC 时，可以利用手机 NFC 功能直接支付这些花费。这种方式比较适合公共图书馆，而一卡通更适合高校图书馆。

3. 读者卡终端

读者卡是读者在图书馆使用通行、登记、支付等服务的标识。将 NFC 技术和图书馆一卡通管理系统相结合，能够有效地实现并优化一卡通的各项功能。此时，与读者卡相比，手机既能发挥一卡通读者卡的作用，又能作为查询和修改信息的终端，用户不再受时间和空间的限制便可轻松获取图书馆信息。

4. 自助借还书

NFC 技术与读者卡集成后，在图书馆借还书时，读者直接使用带有 NFC 功能的手机接触图书的 RFID 标签，就可以实现图书借书、还书功能，特别适合人工借还的工作量大，自助借还机满足不了需求的情况。

5. 编目和流通

随着技术的进步、硬件成本的降低，出版社可以将存储了数据的 NFC 芯片嵌入图书中，这有利于图书馆编目，图书馆采购图书后可直接用 NFC 读取设备获取编目数据并上传至图书馆管理系统，避免了人工输入，提高了工作效率的同时也提高了准确率。

6. 浏览图书信息

在 NFC 标签中输入图书的相关信息，并将储存信息的 NFC 标签植入对应的图书中，用手机轻触一下，图书信息便能立马呈现在手机上，如书籍的作者信息，此本书籍的借阅记录，与书籍有关的图片、视频资料等。在图书馆简介区，用手机轻触 NFC 标签，就可以轻松获取整个图书馆的相关信息，如图书馆的基本介绍、讲座信息、活动通知等。

7. 自助存包

NFC 技术可以应用于图书馆的自助存包柜，手机中的 NFC 功能可以改变传统的扫描条形码开柜门的现象。用户在存放物品时，只要在柜体上按下“存”的按钮，打开手机的 NFC 功能刷一下，自助式储物箱就会识别手机，打开柜门。在用户取出物品时，只需再点击“取”的按钮，扫描手机上的 NFC 标签，就可以通过自助设备来验证，打开柜子拿出物品。

8. 座位管理

目前大多数高校图书馆设置了阅览室座位预约功能，不过在实际操作中却存在诸多问题，例如，当读者进入阅览室后就无法再确定其所在的位置，基本上靠人工巡视。如果在阅览室座位管理系统中引入 NFC 技术，就能精准确定读者在阅览室的哪一个座位上，具体操作方法是读者使用自己的手机在配置 NFC 芯片的座位上刷一下，读者的信息就会上传到座位管理系统，由此便可确认读者的具体位置和座位的空置状况，这有助于提高阅览室座位的利用率。

9. 图书漂流

采用 NFC 技术后，漂流图书也可加 NFC 芯片。读者若使用带有 NFC 功能的手机，即可实现对漂流图书的借还。

10.NFC 打印服务

接触 NFC 打印机可以打印读者手机里的文档、图片、网页等资料，实现资源的复制，并自动收费，操作简单，能避免损伤书籍和终端设备不兼容等情况。

11. 采访交接

书商根据图书馆的订购单，将自己的书发出去，在交书的时候，不需要清点，只需要通过 NFC 的移动设备，就可以将订购单和到货单传送给对方，这样减少了许多烦琐环节，图书馆可轻松完成图书交接。

12. 读者名片交换

图书馆经常举办讲座活动，如果将NFC登录终端安装在图书馆的活动区域，那么读者只需要用手机在NFC登录终端上轻轻一碰，就可以实现签到和名片交换，从而让图书馆准确地了解到读者的具体情况，方便汇总数据信息，从而为后续的信息推送提供依据。

13. 设备控制

在设备中加入NFC芯片后，用户可以在手机上设置设备的相关信息，完成后可将手机放在NFC芯片上，设置的信息就会传入NFC，设备的控制系统接收到信息后会执行相应的操作，例如，带有NFC芯片的饮用热水器，只要与NFC手机接触就可以出一定容量的热水。一些图书馆内供读者使用的电脑、笔记本等设备也需要通过NFC手机接触才可使用，并可控制使用的时间，甚至也可收取使用费。当然，随着时代的发展、科技的进步和人们经济水平的提高，人们更向往便利的生活，因此NFC技术将逐步被更多的设备所支持，在未来，我们对设备的管理也会变得更加方便。

参考文献

[1] 王世伟．智慧图书馆引论 [M]. 上海：上海大学出版社，2022.

[2] 鞠晶．高校智慧图书馆服务创新 [M]. 长春：吉林出版集团股份有限公司，2022.

[3] 贺芳．智慧图书馆建设与应用研究 [M]. 长春：吉林大学出版社，2022.

[4] 阚丽红．智慧图书馆建设与服务创新研究 [M]. 长春：吉林文史出版社，2021.

[5] 贾虹．智慧图书馆及其服务创新研究 [M]. 北京：中国农业出版社，2022.

[6] 陈群．“互联网 + 图书馆”智慧服务研究 [M]. 长春：吉林出版集团股份有限公司，2022.

[7] 李杏丽．智慧社会建设背景下大数据与图书馆管理研究 [M]. 长春：吉林摄影出版社，2022.

[8] 蓝开强．高校图书馆建设发展与智慧服务创新研究 [M]. 汕头：汕头大学出版社，2022.

[9] 李青燕．新时期智慧图书馆建设研究 [M]. 呼和浩特：远方出版社，2022.

[10] 王春梅，杨红岩，张广伟．智慧图书馆的发展与技术应用研究 [M]. 哈尔滨：北方文艺出版社，2022.

[11] 宋丽．基于数据挖掘技术的智慧图书馆个性化推荐服务分析 [J]. 图书馆学刊，2023，45（2）：69–73.

[12] 张双双．基于大数据的智慧图书馆建设途径解析 [J]. 活力，2023（4）：178–180.

[13] 高静．元宇宙视域下智慧图书馆的机遇与挑战 [J]. 中国现代教育装备，2023（4）：67–69.

[14] 王晰巍，罗然，刘宇桐，等．智慧图书馆在线聊天机器人使用行为影响因素及实证研究 [J]. 情报学报，2023，42（2）：217–230.

[15] 张兰芳．智慧图书馆学科服务实践 [J]. 合作经济与科技，2023（5）：143—145.
[16] 裴琦，许昱．以大数据为驱动的智慧图书馆构建模式 [J]. 文化创新比较研究，2023，7（6）：123—127.
[17] 杜乐．“互联网 +”时代智慧图书馆信息技术分析 [J]. 互联网周刊,2023（4）：68—70.
[18] 温丽萍．高校智慧图书馆的特征、功能与实施路径研究 [J]. 采写编，2023（2）：187—189.
[19] 周辰．基于 5G 时代智慧图书馆的发展浅析 [J]. 河南图书馆学刊，2023，43（2）：117—118.
[20] 陈丽冰．智慧图书馆：价值内涵、主要困境与优化路径 [J]. 图书馆，2023（2）：19—25.
[21] 余安宁．基于中台的公共图书馆数据服务研究 [D]. 保定：河北大学，2023.
[22] 袁枭．人脸识别在智慧图书馆中的应用研究 [D]. 青岛：青岛大学，2023.
[23] 程越欣．数智时代下高校图书馆自助服务模式研究 [D]. 镇江：江苏大学，2023.
[24] 黄少吟．高校图书馆智慧信息服务的发展动力要素研究 [D]. 南昌：南昌大学，2023.
[25] 杨娜．高校图书馆智慧服务用户参与意愿研究 [D]. 郑州：郑州大学，2022.
[26] 常悦．5G 背景下的图书馆智慧服务研究 [D]. 郑州：郑州大学，2022.
[27] 杨斌成．人工智能在公共图书馆智慧化服务中的应用及现状研究 [D]. 上海：华东师范大学，2022.
[28] 陈心怡．基于大数据的高校图书馆智慧搜索服务模式研究 [D]. 天津：天津理工大学，2022.
[29] 邹韶光．图书馆融合人工智能调研与对策研究 [D]. 湘潭：湘潭大学，2022.
[30] 田晓涵．智慧图书馆服务指标研究 [D]. 南京：南京大学，2021.